气候压力与生育理性
——以晚清旗人为例

王格非◎著

首都经济贸易大学出版社
Capital University of Economics and Business Press
·北 京·

图书在版编目（CIP）数据

气候压力与生育理性 ： 以晚清旗人为例 / 王格非著. 北京 ： 首都经济贸易大学出版社， 2025. 7. -- ISBN 978-7-5638-3867-7

Ⅰ. C924.24

中国国家版本馆 CIP 数据核字第 2025R8N710 号

气候压力与生育理性——以晚清旗人为例

QIHOU YALI YU SHENGYU LIXING——YI WANQING QIREN WEILI

王格非　著

责任编辑　晓　地

封面设计

出版发行　首都经济贸易大学出版社

地　　址　北京市朝阳区红庙（邮编 100026）

电　　话　(010) 65976483　65065761　65071505（传真）

网　　址　http://www.sjmcb.cueb.edu.cn

经　　销　全国新华书店

照　　排　北京砚祥志远激光照排技术有限公司

印　　刷　北京九州迅驰传媒文化有限公司

成品尺寸　170 毫米×240 毫米　1/16

字　　数　146 千字

印　　张　9.5

版　　次　2025 年 7 月第 1 版

印　　次　2025 年 7 月第 1 次印刷

书　　号　ISBN 978-7-5638-3867-7

定　　价　48.00 元

前　言

气候变化与自然灾害的冲击会扰乱人类社会正常秩序，带来的后果在传统农业经济社会更为严重。冲击所导致的资源紧张、人口迁移、政治冲突等，会对受冲击地区造成长期影响。在气候冲击影响的相关研究中，气候冲击对人口的影响是一个重要议题，但目前缺乏传统农业社会中这一冲击对微观人口行为影响的研究。本书利用重建的气候、人口、家庭和官员流动数据，对清中后期气候冲击下人口的适应性生育行为、家庭和族应对冲击的手段，以及家庭规模变动对地方治理的影响进行了分析。

清中后期频繁发生的气候冲击的确造成了盛京地区家庭规模的缩小，但这样的结果并非通过高死亡率与高生育率并存的“现实性抑制”实现的，而是通过家庭内部有意识地人口控制实现的。在应对气候冲击时，家庭会通过延迟婚育时间来降低生育率。

族作为八旗制度下的基础社会组织，在维持族内家庭正常生活以及实现地方基层社会治理上都发挥了重要作用。本书通过对族类型的区分以及族类型对成员生育行为影响的分析，发现族的规模以及族的稳定程度会对成员生育行为产生影响。另外，当发生气候冲击时，族会通过控制家庭生育以应对外来冲击。

盛京地区并未出现同时期江南地区存在的生育质量与生育数量的转换，但族内精英的数量主要由家庭掌握的资源和财富而非家庭规模决定。在资源稀缺的前提下，生育控制在客观上保证了族内职官数量的稳定，族内不同家庭资源分配的多寡是影响成员获得职官身份的重要因素。发生气候冲击时，家庭生育控制客观上缓解了气候冲击对精英培养的不利影响，家庭规模的减小以及族规模的减小有利于维持家庭和族的社会地位。

尽管盛京旗人的管理模式存在一定的特殊性，但基层旗官与汉地乡村精英在基层自治中扮演的角色类似——在政府治理中起着上听下达的作用。除此之外，八旗制度下的基层旗官还通过影响高级旗官的流动，对地方政府治理产生了影响。家庭在微观层面所做出的决策最终影响了地方政府的结构和治理能力。

目录

CONTENTS

1　引言

1.1　选题背景和意义

气候变化与自然灾害的冲击会扰乱人类社会正常的生产生活，带来的后果在农业经济社会更为严重。冲击所导致的资源紧张、人口迁移、政治冲突等会对受冲击地区造成长期影响。大量研究认为，气候冲击所带来的灾害频发，是导致近代传统农业经济社会发生动荡并走向衰落的重要原因（Percival and Homer-dixon，1996；李伯重，2007）。晚清是中国历史上自然灾害的群发期，有关清代气候变化、自然灾害以及它们造成影响的研究成果已较为丰富。已有研究证明，清代的气候变化推动了粮价上涨、人口迁移，同时引发民族冲突和民教冲突频发；甚至有研究认为，晚清灾害频发在一定程度上导致清王朝经济的衰退和清王朝的衰亡。但此类研究多基于宏观历史数据，集中研究气候变化与自然灾害对宏观层面造成的影响。一方面，大部分研究将中国视为空间上的整体，忽略了地区之间的差异；另一方面，大部分研究着眼于人口迁移、社会冲突等，鲜有有关农业社会中个体和家庭对气候冲击反应的研究。

在气候冲击影响的相关研究中，气候冲击对人口的影响是一个重要议题，研究内容包含灾后生育率、婴儿死亡率、灾后人力资本投资变动、人口数量的波动以及人口迁移等。在对晚清这一阶段的研究中，已有研究主要针对的是气候冲击对人口迁移以及人口数量波动的影响，灾后家庭生育决策的研究尚属空白。抛开气候冲击的影响，清中后期存在家庭规模明显减小，家庭生育率降低的事实。针对这一事实，目前的研究主要分为两类。

一类认为家庭规模的缩小是由于资源紧缺导致的，家庭生育率的降低是“现实性抑制”的结果。根据马尔萨斯的《人口原理》，在传统农业社会，非西方世界并不存在有意识的人口控制，家庭规模的缩小完全由资源紧缺引发的动乱、贫困和瘟疫造成，即“现实性抑制”。武雅士（Wolf，1980）在《晚清中华帝国有生育控制吗?》一文中表明，中国婚内生育率的降低是因为贫穷、营养不良、夫妻从事重体力工作、没钱治病和由于经济原因导致的异地分居造成的，并不存在有意识的生育控制。

另一类研究认为，在清中后期，中国家庭内部已经出现了有意识的人口控制，家庭生育率的降低主要来自家庭内部的抑制作用（彭希哲和侯杨方，1996）。巴克利（Barclay，1975）重新估计了1929—1931年的中国农村人口，并认为在20世纪二三十年代，中国农民的婚内生育率实际上并不高。这一结论促使传统农业社会人口控制的研究重点转向了对低婚内生育率的研究。李中清等（2000）在《人类人口的四分之一》中明确提出中国的人口体系存在四个特点：溺弃女婴、已婚生育率低、收养率高、婚姻市场性别失衡，且中国传统社会大量存在着避孕、人工流产以及溺杀女婴等人为控制生育的事实。

虽然已有大量针对清中后期家庭规模的研究，但这类研究忽略了一个关键性问题：在现实世界中，马尔萨斯理论的“现实性抑制”与家庭内部的生育抑制很可能同时存在。在这种情况下，究竟是何种力量主导了家庭规模的缩小，是资源匮乏导致的高死亡率还是家庭内部为抵御风险主动减少了生育？为回答这一问题，本书将气候冲击引入了讨论。在使用计量方法研究历史事件之前，历史学家使用的方法多为个案分析。气候冲击确实是造成人口数量下降的重要诱因。随着历史微观人口数据的重建，利用量化方法进行研究，为探索气候冲击通过何种路径影响人口数量提供了新的可能。

通过重建的微观人口数据，本书试图回答以下问题。

第一，气候冲击造成的资源紧缺是否会显著提高死亡率？

第二，家庭内部的生育控制是否存在？资源紧缺是否激发了家庭内部生育控制？

第三，如果气候冲击激发了家庭内部的生育控制，生育控制又具体通过何种路径影响了家庭规模？

第四，家族是中国传统社会中的重要组织，已有研究认为，分家析产等家族行为促进了生育控制行为的产生，但鲜有研究将外生冲击下的家族行为与家庭生育控制联系起来。那么，在气候冲击—家族应对—家庭生育控制的路径中，族又起了怎样的作用？

本书主要验证了以下三个方面的假说。

首先，在人口变动方面，马尔萨斯认为，人口数量的减少以及家庭生育率的降低是由于资源紧缺造成的贫困、动乱和瘟疫；在马尔萨斯的理论中，传统中国农业社会生育模式的特点为高出生率高死亡率，不存在有意识的生育控制。但利用族谱等微观数据的研究表明，明清时期，中国已经出现了生育模式的转型，有意识的生育控制开始在中国家庭中出现。那么，在发生气候冲击的前提下，是现实性抑制还是家庭内部控制造成了明显的生育率的下降？

其次，目前有关家庭人口控制的研究中，尽管利用了大量族谱数据，但在研究时仍把家庭视为生育决策的主要单位，忽视了家族在传统中国农业社会中对其中成员的重要影响。那么，家族在家庭生育决策中扮演了何种角色？从气候冲击到生育率的降低，中间经历了哪些阶段？这需要刻画出一条完整的传导链。接下来，在控制家庭规模的后果方面，薛（Shiue，2017）认为，明清时期中国家庭已经存在生育质量与生育数量的替换；那么，家庭或族为应对气候冲击进行的家庭规模控制是否在客观上为有前途的家庭成员保留了足够的资源？从这个角度出发，本书讨论了气候冲击下家庭生育控制的政治经济学后果。

最后，传统理论认为，基层精英在基层自治中发挥了重要的作用。那么，除了政令的上听下达以外，基层精英能否通过影响地方官员的流动来影响地方政府的治理呢？

上述这些问题的答案，对研究中国传统农业社会家庭以及家族内部的生育决策，家族对家庭成员行为的影响，以及家庭决策对政府治理能力的影响等具有一般性意义。

本书从气候冲击与政府赈灾的传统叙事出发，但在研究过程中，并未将晚清多变的气候仅仅视为起因，也未将衰退的政府治理简单作为背景。相比之下，研究更关注盛京这片土地上的普通家庭，希望通过历史微观数据的重建与分析，呈现其在面对风险时的具体努力与实际选择。透过这些家庭百年前的生存状态，试图看到族群与民族持久延续的生命力。

1.2 核心概念的界定

1.2.1 气候冲击

气候异常会导致减产，增加资源的稀缺程度，从而加剧人们对于稀缺资源的争夺，增加了冲突和战争的发生频率。整体上而言，气候变化导致的自然灾害造成粮食的减产与人口生育行为和社会行为的改变，也对政府应对灾害的治理能力提出了挑战。

晚清时期是灾害冲击的群发期，随着地理环境的变化、气候的变迁，以及人口的增加、土地森林等资源的不适当开发，盛京地区自然灾害频繁发生，给经济、社会带来严重影响。

本书使用的“气候冲击”，是相对广义且负面的概念，主要包括由气温的异常变动导致的自然灾害，也包括灾害导致的谷物歉收、人畜受损、房屋毁坏等，以及这些负面影响带来的对健康的冲击。但是，本书出现的“气候冲击”不包括偏暖的气温和正常范围内的降水等非负面的冲击。另外，在理论模型和实证部分，本书使用了“灾害冲击”替代“气候冲击”。使用这一描述是因为：第一，灾害冲击对人口增长和人口健康水平的影响毫无疑问是负面的；第二，灾害冲击可能会使家庭财富减少并激发政府赈灾系统的运转，在负面的外部环境下讨论家庭应对和社会应对更具有现实意义。

在分析过程中，本书主要使用了水灾冲击作为气候冲击的代理变量。这主要是因为盛京地区各类灾害冲击中，发生最频繁、危害最大的是水灾；另外，晚清时期水灾的资料记载相对完备，数据记录的整理相对全面、完整。本书希望通过探讨清代盛京地区水灾及其打击下的家庭应对和社会应对，初步了解和把握气候冲击与微观层面的家庭决策之间的关系，气候冲击下家庭决策带来的政治经济学影响，以及由于基层职官变动引起的地方政府治理的变化，从而对清代东北地区的气候冲击、家庭应对与政府治理等有一个较为全面的认识。

1.2.2 晚清

“晚清”的时间概念相对来说较为宽泛，学界对“晚清”的时间跨度也没有明确的界定。一般而言，晚清指第一次鸦片战争（1840 年）到清朝灭亡（1911 年）这一时期，现有的研究大多随着表述内容的不同而对应相应的时间段。本书着重论述的是第四个灾害群发期即“清末宇宙期”前后，盛京旗人为适应自然环境变化产生的个体与群体行为的改变，以及个体与群体行为的改变对家庭人力资本投资与地方治理的影响，因而，本书的“晚清”主要指从清嘉庆五年（1800 年）到宣统三年（1911）这一时期。

本书选择晚清作为研究时间段，除了数据更容易获得之外，还有三个更为重要的原因：

第一，晚清时期，气候变动较为剧烈，灾害冲击也随着关内人口迁入和东北地区开发而增多。

第二，在明清阶段，中国传统社会才明确出现了支持家庭内部存在生育控制的证据，家庭的生育行为也在这一阶段开始发生转型，选择这一时期进行研究，便于将中国与同期欧洲国家的家庭行为等进行更为详尽的比较。

第三，除了末代皇帝宣统之外，清中后期其余每位君主在位的时间都比较长，执政期内较少发生政变，政令发布的一致性与政体的稳固便于消除政治制度变动带来的外生冲击。

第四，清代中国的版图与现代中国较为接近，针对晚清阶段的研究结果对现代中国较有现实意义。

1.2.3 盛京

清代盛京地区主要是指盛京将军辖区。盛京作为清朝留都有一定的特殊性，在管理上实行旗人与民人事务分离，盛京将军与盛京五部属旗人管理机构，而奉天府属民人管理机构。但就其管辖区域而言，奉天府亦属盛京将军所辖。盛京驻防将军辖区以盛京为中心驻防十四城，即盛京、兴京、牛庄、盖州、凤凰城、广宁、义州、锦州、开原、金州、辽阳、熊岳、复州、岫岩，自成立起至清廷灭亡，辖区范围无大变化。这些州县大多位于今天辽宁省的行政范围内。本书所考察的受冲击州县以及受灾家庭均分布于这些地区。由于盛京地区旗民分治的特点，在考察盛京地方政府治理以及基层精英培养时，本书主要讨论了八旗制度下的盛京将军下辖地区以及旗人的治理。

1.2.4 旗人

旗人指隶属旗籍且受八旗制度管辖的人。本书所使用的中国多世代人口数据库（CMGPD-LN）（李中清和康文林，2011）主要来源于盛京内务府下辖旗人户籍记录，这部分旗人具有如下一些特点。

其一，他们均享有清廷特权，如基本的奉饷、旗地、差银，以及考试权利等。

其二，这部分旗人不仅包含部分盛京原住民，也包含了在1741年以后陆续由河北、山西、山东等地迁移而来的移民。清廷为对这部分移民进行管理，将其编入了汉军旗下，将管辖权交予盛京内务府。

其三，具有共同的身份认同。尽管这部分旗人中有相当一部分实际上为汉族，但他们仍然认定自己为旗人而非民人，“旗仆本非他人可比”。因此，本书在研究中将研究对象统称为旗人。

1.2.5 族

八旗制度下的族，是基于血缘关系的结构性功能组织，也是官方管理的基础社会组织。八旗制度下的族与一般的汉族“宗族”有着明显的差异，八旗制度下的族既是以血缘关系建立起的社会组织，也是官方管理旗人的基本单位。族长除需对教导族人有重要的责任外，还兼有传达官方命令，按照官方旨意行事的义务。官方对族长的铨选和考核有一套固定的制度，族长既需要家族的认可，也需要官方的认定。这一组织不仅反映了家庭血缘关系与地缘关系的关联，同时也反映出官方的意志。本书使用的中国多世代人口数据库原始记录，清晰地反映了族长的变更以及各族成员的变化。本书的研究重点是族长的更迭、族规模的变化与族中家庭规模的变更。因而，本书使用的“族”，是一个以血缘为依托的群体，是具有相同血缘的若干家庭构成的集合，同时也是官方管理下最为基本的社会群体组织。

1.2.6 职官选任

职官指在国家机构中担任一定职务的官吏，清代的职官选任制度相当复杂。盛京的地方行政组织有旗民分治的特点，以八旗制度管理旗人，以州县管理体制管理民人。本书对职官选任的讨论主要可以分为两个部分。

第一部分讨论了家庭、族与基层职官的培养。在这一部分，本书仍然使用了世代人口数据库中记录的旗人数据，因此，基层职官的讨论主要为佐领等满官。

在第二部分，本书借由对基层官员与高级官员选任之间关系的讨论，探讨了基层精英在地方政府治理中可能发挥的作用。由于盛京地区满官可以是土著旗人，意味着满官更可能与本地基层职官构建起更为紧密的联系，因此，在这一部分的讨论中，本书主要针对八旗制度下五品以上高级满官，讨论八旗高级满官的身份背景、任职经历以及与基层满官之间的联系等对官员流动性的影响。

1.3 研究思路、方法及结构安排

本节说明全书的框架，分为三个部分：首先列出需要研究的问题，然后给出相应的研究方法，最后是本书的框架结构。

1.3.1 研究思路

本书讨论的气候冲击在微观层面的影响主要包括以下三个方面：灾害冲击后的家庭应对，基础社会组织——族的应对，家庭应对造成的政治经济学后果。

尽管清代建立起相当完备的赈灾体系，但这一体系在晚清时期已近崩溃，救灾体系的崩溃有清政府财政紧张的原因，也有地方官员能力不足的原因。本书开篇通过对史料的整理和盛京地区粮价、盛京地区赈灾水平对地方官员升迁考评影响等的量化分析，描绘了晚清气候冲击发生时的环境以及社会背景，希望通过对历史背景的重现，阐明在帝国走向衰落之际，农业社会的普通家庭在气候冲击发生时所面临的巨大压力，进而引出对冲击后家庭与基础社会组织的种种微观决策的讨论。

在气候冲击的家庭应对上，家庭规模与灾后生育决策是本书的研究重点。为研究这一问题，就必须对外部的“现实性抑制”和家庭内部的主动生育控制加以区分。为区分这两类作用对家庭生育决策的影响，本书分析了灾后的人口死亡概率、健康水平以及生育水平，并排除了地区之间文化、荒政、经济水平等可能导致的差异。以这些研究作基础，本书讨论了气候冲击的家庭应对。

进一步，本书将研究的重点转向了族。八旗制度下的族，作为由血缘组织发展出来的社会组织，通过族与族之间以及族内部的合作、冲突、分裂与重组，促进了行政组织的发展。族内保留了原始氏族生活的某些特征，比如，在集体劳动时族内各个家庭共享生产资料，并对劳动成果享有平等的分配权。而族长对族内成员的婚姻、生育、立嗣、丧葬等事务均需要过问，还兼有负责调解裁断族人内部纠纷等职责。从提供公共品和公共服务的职能上看，族与传统汉族社会的宗族并无太大分别。有学者（Lee and Wang，1999）认为，宗族制度在维持清代以来的较低人口生育率中扮演了重要的角色。宗族的家长对所有家庭成员拥有绝对的权威，能够决定家庭成员的婚姻、生育甚至死亡。考虑到族在传统中国社会中起到的重要作用，在讨论灾后家庭规模的变动时，不能忽视族可能产生的影响。通过这一部分的研究，本书讨论了气候冲击下族的特征对家庭生育决策的影响。

家庭以及家族的人力资本投资水平是另一个重要话题。家庭和族的发展不仅需要依靠人口数量，更要依靠人口质量。薛（Shiue，2017）在研究中证明了这一时期江南地区存在着人口数量与人口质量的替换。那么，这一现象在盛京地区是否存在？除了这一问题外，资源稀缺是否会导致家庭以及族内部高质量人口的减少同样值得讨论。培养一名有功名的学子或者官员，需要家庭和家族付出相当多的精力，更是一笔巨大的开支，但回报也相当可观。气候冲击发生后带来的生育控制与家庭规模缩小，是否从客观上保证了资源向具有潜力的成员流动？家庭与族内的生育控制是否在一定程度上保证了其中职官数量的稳定，进而能够维持家庭和族的政治地位和经济地位？在进行了气候冲击下家庭规模的讨论后，本书通过对家庭和族内职官数量变动的考察，讨论了生育控制对家庭与族人力资本投资的影响。

为了进一步延伸对家庭与族规模变化带来的政治经济学影响的讨论，本书引入了对八旗制度下基层精英的讨论。八旗制度下的族是一个相当特殊的组织：一方面，它承担了与宗族类似的、通过血缘关系维系的基础社会组织的功能；另一方面，它也是八旗制度下的基础行政组织——佐领下的基本管理单位，承担了八旗管理的行政职能，族中培养出的职官如佐领、骁骑校等下层旗官在旗人的日常管理中起到了上听下达，将地方自治组织与地方政府联系起来的作用。陶希圣（2015）在对宗法社会的讨论中，已经阐明了对乡村精英以及士绅阶层在政府管理中起到的作用。但盛京地区基层行政组织在旗、民管理上的割裂，部落遗存与州县管理的结合，都使其具有一定的特殊性，那么，普通旗人中的精英以及其中选拔出的基层旗官，又是如何影响地方治理的呢？

本书虽然从气候冲击与政府赈灾这一传统叙事开始，但在研究中仅仅把晚清多变的气候视作起因，将衰退的政府治理作为研究背景，更多地把目光放在盛京这个虽为“龙兴之地”但研究尚少的地区，把研究重点集中在这片广袤富饶土地上的一个个普通家庭。通过对大量史料、人丁户口记录、官员履历等的挖掘和量化分析，尽力描摹家庭与族在抵抗风险时做出的诸多微观决策。与婚育行为和精英培养等简单决策伴随而来的，不仅是家庭规模的改变，还有对地方管理模式的微小影响。也许正是这些微观层面的决策与影响，如水滴石穿一般慢慢地改变了古老的王朝。风动舟行，舟行水皱，但终归是“水能载舟，亦能覆舟”。

1.3.2 研究方法

本书主要运用的研究方法包括理论分析法、统计分析法、实证分析法等。理论分析主要用于研究气候冲击对家庭生育决策的传导路径以及气候冲击后地方政府消极应对动机合理性的分析，统计分析主要用于描述盛京地区气候冲击发生的频次和时空分布，实证分析主要用于对家庭生育决策假设以及生育决策政治经济学影响的检验上。

实证分析部分是本书的亮点。不同于一般的经济史研究，本书从史料出发，通过对历史数据的重建，使用了大量现代经济学的研究方法，对晚清时期的家庭行为与政府行为进行了更为准确的还原；另外，不同于现有集中于宏观层面的量化历史研究，本书利用大量微观数据，从微观层面对气候冲击的后果、晚清阶段家庭的生育决策以及生育决策对政府治理能力的影响进行了更为细致的分析。

1.3.3 本书的结构与内容安排

本书共包括九章，各章内容简述如下。

第 1 章为引言，包括本书的背景和意义、关键概念的解释、研究的思路和方法、选题意义、内容安排以及研究的创新之处。

第 2 章包括文献综述、对史料系统的阐述以及研究使用的理论模型。在文献综述部分，首先对目前对气候冲击影响的文章进行了简要的回顾，对现有的气候冲击影响研究的分析范式进行了简述。其次，对目前针对农业社会中国家庭以及政府微观行为的研究进行了评述。在对史料文献系统的阐述中说明了使用史料的种类，对史料运用过程的甄别。最后，构建起本书的理论模型。

第 3 章为盛京地区气候冲击、微观家庭人口数据、地方政府赈灾手段以及盛京地方官员流动性变化的数据集情况。本章首先对数据来源和数据选取情况进行了说明，然后对盛京地区发生的气候冲击尤其是水患冲击的类型以及时空分布特点进行了简述，最后给出了盛京地区的微观家庭人口特点和官员流动性变化的相关信息。

第 4 章对研究背景进行了更为详尽的阐述。首先利用对史料的整理和分析，阐述了气候冲击对受灾家庭各方面的影响；进而对清代政府的赈灾体系进行了简要说明，并利用粮价数据和赈灾官员的流动变化数据检验了晚清赈灾体系的有效性，较为详尽地说明了在气候冲击发生后，家庭和族需要应对的风险。

第 5 章至第 8 章遵循着由个体生存的最小单位——家庭，到由家庭组成的基础社会组织——族，再到由基层精英与职官组成的地方行政组织这样一个顺序，对气候冲击下的家庭应对、族应对以及社会应对分别进行了计量分析。

第 5 章对气候冲击下家庭的生育决策进行了计量分析。本章的主要任务有二：一是从家庭生育决策的角度分析气候冲击下的家庭应对手段；二是通过引入气候冲击，验证在传统农业社会中的中国家庭是否存在有意识的生育控制。

第 6 章对气候冲击下基础社会组织——族内部的生育控制进行了计量分析。通过对族行为的分析，首先验证了理论模型中对族特征的假设，其次拓宽了家庭生育控制决策的外延，将族这一在中国传统社会中扮演重要角色的社会组织引入了研究，分析了族的差异性特征是否引起了族内成员生育行为的差异。

第 7 章对家庭以及族内的职官数量进行了计量分析。通过对多世代人口数据库族内职官数量的分析以及对盛京地区李氏和吴氏族谱的研究，本书主要回答了两个问题：第一，盛京地区是否和同时期的江南地区一样，存在人口质量和人口数量的转换？第二，控制家庭规模的政治经济学后果是什么？气候冲击发生后带来的生育控制与家庭规模缩小，是否从客观上保证了资源向具有潜力的成员流动？家庭与族内的生育控制是否在一定程度上保证了其中职官数量的稳定，进而能够维持家庭和族的政治地位和经济地位？

第 8 章利用《缙绅录》的量化数据，讨论了基层旗人官员分布对高级旗人官员流动性的影响，透过这一分析，研究了基层精英对地方政府治理能力的影响，并讨论了在地方旗人的管理中基层旗官与精英发挥的作用。将前几章气候冲击下微观层面的家庭与社会组织应对研究与在研究背景中提到的政府治理联系在一起，使得本书的分析更为完整。

第 9 章为结论和进一步讨论。本章分为三个部分：第一部分总结本书的研究结论；第二部分是从结论中所得到的一些启示；第三部分总结本书的贡献与不足，以及未来可以进一步研究的方向。

1.4 研究的创新之处

1.4.1 理论上的创新

传统的观点认为，气候冲击下的人口变动主要是由于“现实性抑制”

造成的，本书利用微观人口数据证明，在清晚期，中国的家族和家庭内部已经出现了明显的生育控制，并且家庭生育控制对人口数量的影响远大于气候冲击导致的人口死亡率上升对人口数量的影响。除此之外，本书还进一步探讨了生育控制的政治经济学后果。

1.4.2 方法上的创新

目前，验证历史上气候冲击影响的文献已经相当丰富，但此类研究大多集中在宏观层面的分析上，对气候冲击引起的人口总量下降、人口迁移、经济水平下降、农民起义频发、社会冲突加剧等进行了全面的分析，而很少有文献对气候冲击对传统农业社会微观层面的影响进行分析。但宏观层面的变动都是由微观个体的行为变化导致的。本书填补了这一空白，对人口总量的下降以及社会冲突的加剧提供了微观层面的解释。

1.4.3 视角上的创新

量化历史的研究大多只关注历史事件，忽视微观层面家庭决策与决策改变带来的政治经济学影响。本书从气候冲击的负面影响与政府赈灾这一传统叙事出发，将研究的重点放在微观家庭抵御风险的决策上，并进一步讨论了家庭微小的决策对地方自治与政府治理的影响，将宏大的历史叙事与历史中每一个微小个体联系在一起，在研究视角上更加贴合现代微观经济学的研究范式。另外，虽然帝制中国已经不复存在，但这样一片广袤而古老的土地仍然时时经历着气候冲击的挑战，随着科技的发展和社会的进步，虽然现代国家与家庭抵御风险的能力不断增强，但也面临着气候变暖、气候变化加剧、碳排放增加等新的挑战。气候冲击更是从影响一国的治理演变为影响全球的国家治理，本书研究气候冲击在微观层面影响的结论，对现代气候政策的制定和研究仍然具有一定的借鉴意义。

2　文献综述、史料系统以及理论模型

本章首先围绕与气候冲击带来的多种后果以及家庭人口控制等相关主题，对已有的研究成果进行汇总和评述；其次，对研究中使用的史料种类进行说明；最后，建立起后文进行实证分析所需要的理论模型。

2.1　文献综述

目前，针对传统农业社会气候变化影响的研究主要集中在宏观层面，包含了对人口增长与迁移、农业生产与粮价变动、农民起义与社会冲突以及国家治理与王朝更迭等。但由于受微观数据所限，现有的对古代中国气候冲击在人口控制等微观层面影响的研究极为有限。随着历史微观数据库的逐步建立，目前已经出现了一部分使用微观数据分析传统农业社会家庭和政府行为的研究，但还鲜有引入气候冲击的研究。因此，本节分为两个部分：首先，评述经济学家对气候变化影响的分析范式，并由此引入目前对传统农业社会气候变动影响的研究现状；其次，对现有的利用历史微观数据研究家庭人口控制及政府官员变动的文献进行评述。

2.1.1　气候变动对人口数量与家庭规模的长期影响

晚清是中国历史上气候变化较为剧烈的一个时期，是中国气候史上的冷期（竺可桢，1973；王业键和黄莹钰，1999），同时也是中国历史上的灾害群发期（高建国，1986）。这一时期自然灾害的频发与气候的剧烈变动相关（Fang and Liu，1992；Lee et al.，2008；Xiao et al.，2015）。目前，已有大量有关气候变化及其导致的自然灾害影响的研究，主要研究了气候与灾害冲击对人口、经济、社会以及政治等方面的影响。霍马-迪克逊（Homer-dixon，1996）指出，气候的异常会导致减产，增加资源的稀缺程度，从而激化人们对于稀缺资源的争夺，增加了冲突和战争的发生频率。整体上而言，气候变化导致的自然灾害造成了粮食的减产与人口生育行为和社会行为的改变。粮食以及其他资源的稀缺导致人口向资源丰富地区的迁移，增加了资源丰富地区的人口压力，最终导致冲突的产生。

气候变化的影响首先体现在微观层面。在对人口变动影响的研究上，已有大量的研究证实，气候变化与自然灾害所造成的健康冲击会直接影响灾后生育率、婴儿死亡率等（Nobles et al.，2015）。芬利（Finlay，2016）对三场严重地震后短期内居民的生育数量做了研究。诺林（Norling，2019）对非洲1900年到2016年气候变动、自然灾害与生育情况的研究发现：在自然灾害发生之后，婴儿的死亡率上升；在自然灾害发生之后的5年，妇女的生育数量平均会减少0.5个。地震对生育数量具有促进作用，这是由于家庭将新增人口视为重要的劳动力，为应对地震所带来的经济冲击，家庭会倾向于增加生育。灾害冲击对人力资本投资造成的影响是长期的，对那些童年甚至胎儿时期遭遇灾害冲击的人尤为显著（Currie，2009；Kousky，2016）。奥德曼等（Alderman et al.，2003）发现，那些遭遇过灾害冲击的学龄前儿童，接受教育的年限较未受冲击的同龄人平均缩短0.7年。曾经历1918年大霍乱冲击的胎儿，在未来长达65~80年的时间内，较那些未经历冲击的同龄人具有更低的受教育水平、更低的收入水平、更低的社会经济地位，以及更高的残疾率（Almond et al. Mazumder，2005）。由于父母与子女的健康行为与教育投资之间存在着明显的亲代关系（Coneus and Spiess，2012），冲击所带来的影响是跨代际的。卡鲁索（Caruso，2017）利用拉丁美洲1900年到2000年的灾害与人口微观数据证明，母亲受到的灾害冲击对子女人力资本的积累具有显著的负面影响。库克等（Cook et al.，2019）利用1918年大霍乱的数据证明，灾害冲击对教育与收入的影响能够持续三代，而造成这一长期影响的原因是社会经济地位与生物遗传都具有明显的亲代传递关系。

气候变化与自然灾害导致人口数量的波动与人口的迁移。低温期中国人口数量通常较少（Lee et al.，2009），其中，气候变化导致的旱灾是导致人口数量变化的重要原因（Lee et al.，2008）。李等（Lee et al.，2016）利用中国西北地区 1500—1911 年旱灾与人口数据的研究证明了这一点。苏尔克（Suhrke，1994）指出，“生存环境的退化看起来是导致人口流动的直接原因，但引发了人口流动更深层的原因是人口压力与资源使用的模式”。气候变化和它造成的灾害频发导致生存与经济压力的增加，最终造成人口迁移。裴等（Pei et al.，2018）发现，在相当长的历史时期中，中国的气候变化导致农业人口的流动。叶等（Ye et al.，2012）发现，过去 300 年来中国东北地区的人口迁移与土地复垦与华北的气候灾害紧密相关。

人口的迁移进一步导致经济和政治重心的迁移。黄和苏（Huang and Su，2009）证明，中国周代（包括先周时期）的五次迁都受到了气候变化所导致的旱灾以及相关自然灾害的影响。裴和张（Pei and Zhang，2014）证明了气候变化引起的干旱是导致游牧民族南迁的重要因素。赵红军和尹伯成（2011）发现，中国 11 世纪后期气温的显著降低，是导致南宋人口和经济重心南移的重要原因。

气候变化与频发的自然灾害，最终造成了社会的冲突与变革。大部分研究认为，气候变化提高了冲突发生的概率。大量学者利用中国数据得到了气候变化引起冲突加剧的结论。赵红军（2012）利用气候变化的重建数据发现，中国历史上的气候变暖期自然灾害较少，有利于农业经济社会的稳定，但气候冷期频发的自然灾害加剧了外族的入侵。通过 1470—1900 年中国府级面板数据，贾（Jia，2014）发现，严重旱灾显著激发了农民起义，而美洲作物如抗旱红薯等的引进，缓解了严重干旱带来的不良影响。陈（Chen，2015）利用 25—1911 年中国北方王朝的数据发现，负向气候冲击主要通过严重饥荒这一渠道影响农民起义，但水灾、黄河决堤、雪灾与霜冻等对农民起义的直接影响不显著。梁若冰（2014）认为，气候冲击是引发晚清民教冲突的重要原因。白和龚（Bai and Kung，2011）考察了 2000 年来干旱与洪涝对游牧民族入侵中原王朝的影响，发现降雨量越少，游牧民族入侵的概率越高。气候变化与自然灾害最终导致王朝的更迭或社会的变动，在中国历史气温上的冷期，王朝更迭更为频繁，这一传导机制在受到气候条件限制更大的北方更为明显（Zhang et al.，2006）。

2.1.2 传统农业社会下的人口控制与社会流动：历史微观数据的重建

马尔萨斯认为，在中国传统的农业社会中，气候冲击对人口生育行为的影响主要体现在对人口的“现实性抑制”方面。马尔萨斯在《人口学原理》中，将西方的“抑制性”生育模式与非西方世界“现实性”生育模式进行了比较，认为西方世界普遍存在通过限制婚姻来控制人口增长的预防性抑制；而非现代西方世界和非西方世界并不存在有意识的人口控制，人口无节制的增长导致资源的紧缺，资源的紧缺导致贫困、动乱和瘟疫，实现了人口增长率降低的现实性抑制。有大量史实与研究支持了中国存在“现实性抑制”的观点。曹树基（2000）利用府级数据进行的人口测算表明，中国人口由1750年的2.7亿迅速增长至1850年的4.3亿，但太平天国与白莲教起义又造成巨大的人口损失。根据李楠和林矗（2015）的估算，太平天国战争造成了4 693万到9 514万的人口损失，且这一巨大的人口损失导致近代江南地区普遍的低生育率。根据曹树基和陈意新（2002）的研究，中国到19世纪初已经进入了“马尔萨斯陷阱”，人口压力加剧了资源稀缺的程度，造成了内乱规模的“巨大”化，影响巨大且频繁爆发的内乱是“现实性抑制”存在的直接证据。

巴克利（Barclay，1975）重新估计了1929—1931年中国农村人口，认为在这一时期中国农民的婚内生育率实际上并不高。这一结论导致对传统农业社会人口控制的研究转向了对低婚内生育率的研究。随着微观人口历史数据的重建，有学者认为，传统农业社会的中国家庭内部的抑制作用要远大于外部的抑制作用（彭希哲和侯杨方，1996）。薛（Shiue，2017）通过安徽桐城族谱数据发现，中国高收入家庭的子女数量明显低于低收入家庭，并且高收入家庭在子女教育方面的投入更大。这代表着在13到19世纪，中国已经出现了“与西方工业革命后相似的生育数量与质量相互替代的生育模式转换”。李和王（Lee and Wang，1999）利用清朝皇室玉牒等微观人口数据证明中国传统社会广泛存在避孕、人工流产以及溺杀女婴等人为控制人口的事实，但由于这一数据建立在皇家玉牒的基础上，这一结论是否能代表中国传统社会的生育模式人们还有质疑。

族对其内各家庭生育行为以及成员的影响也十分重要。自李中清和康文林团队将盛京内务府下辖旗人户籍记录数据化以后，族这一由多个家庭构成的社会组织对其成员行为影响的研究也开始出现。族作为晚清八旗制度下最为基本也最为重要的社会组织，塑造了其中个体的长期行为，并最终导致社会阶层与财富的分化（Lee and Champbell，1997），并且，这一影响在当代仍然存在。旗人的行为与族之间有着紧密的关系，族在塑造个人的社会经济特征与人口学特征上，比父子亲代特征传递的影响更为深远（Champbell and Lee，2008）。旗人的仕途受到了宗族中其他成员社会地位与官职的影响（Campell and Lee，2008）。坎贝尔和李（Campbell and Lee，2011）同样证明，在应对人口压力冲击或饥荒冲击时，族这一社会组织内部可能使用杀婴等手段控制人口规模。这些研究讨论了旗人的生育、死亡、迁移以及财富的流动与地位的变化。研究表明，旗人的婚育行为、婴儿死亡率、寿命以及社会经济学地位均受到家庭、族以及居住地的影响，而其中族的影响最为显著。强大的族在公共品的提供上具有更强的实力，这也使得其中的个体具有了较高的生育率和较低的婴儿死亡率（Campell and Lee，2008）。由于族与汉人社会家族的相似性，大量针对家族的研究可作为参考。车群和曹树基（2011）通过对阙氏族谱的分析，认为家族财富影响了家庭的生育数量和生育时间。李楠和甄茂生（2015）利用浙南族谱数据，证明中国家庭财产的继承方式与家族的分割同样影响了人口的生育选择。

总而言之，目前对气候冲击相关影响的分析，已经有了相对成熟的范式，现有的对传统农业社会人口控制以及社会流动的研究也为本书的研究提供了有力的理论支持。

2.2 史料文献系统

就文献种类而言，本书涉及的史料相对丰富，包括正史、档案、地方志、水利史料等几个大类，另有日记、家谱、笔记等。具体而言，可以分为以下几类。

正史类：赵尔巽、柯劭忞的《清史稿》(中华书局 1977 年版)。《清史稿》提供了最为准确翔实的清代大事记录，是讨论清代问题最为重要的文献来源。

档案类：《清实录》(中华书局 1986 年版)、《钦定大清会典》(新文丰出版股份有限公司 1977 年版）以及《钦定大清会典事例》(新文丰出版股份有限公司 1977 年版)。同时，还包括历代皇帝的朱批奏折档案，如第一历史档案馆编译的《雍正朝汉文朱批奏折汇编》(江苏古籍出版社 1991 年版)、第一历史档案馆编译的《光绪朝朱批奏折》(中华书局 1995 年版)。除此类档案外，本书使用的历史文献还包括《满文老档》(中国边疆史地研究中心、辽宁省档案馆编，辽沈书社 1990 年版)。这些原始档案中辑录了大量有关清代东北地区灾害冲击情况、行政管理制度变迁及政府赈灾手段等方面的内容，是研究盛京地区气候冲击与行政制度变迁的第一手史料。

方志类：方志是研究气候冲击和旗人基层组织和地方社会相对完整集中而且数量庞大的史料来源。本书使用的方志包括《奉天通志》《盛京通志》《辽中县志》《铁岭县志》等，这类资料更为细致地记录了清代盛京地区灾害冲击影响、灾后人民状态以及地方政府、乡村精英等的赈灾行动。

专著类：专著类史料主要是整理出版的史料集成，如水利电力部水管司、水利电力科学院编纂的《清代辽河、松花江、黑龙江流域档案史料》(中华书局 1998 年版)，温克刚编纂的《中国气象灾害大典（辽宁卷）》(气象出版社 2005 年版)。

家谱、日记类：家谱和日记为盛京地区旗人的生活状态和家庭结构提供了更为直观的证据。本书使用的家谱包括：盖州《李氏族谱》（1917年），《辽阳吴氏族谱》（1939年）；使用的日记及书信为李红英辑考的《翁同爵家书系年考》（2015年）。

2.3 理论模型

本书以贝克尔（Becker，1960）的生育模型框架为起点，对家庭生育控制和族的生育控制进行了讨论。家庭生育控制分析的起点为家庭最优化生育决策。当将家庭置于“族”这个社会组织内部时，家庭与族进行生育决策时面临的经济约束就成为族能够提供的公共品数量；族为家庭提供公共品作为抚育后代的资源，族中的家庭有多生育的“搭便车”倾向，而为了保证族内公共资源数量足以维持族的持续发展，族的规模就应当控制在一个合适的水平。本章用最优生育模型解释冲击下的生育控制行为。

2.3.1 冲击下的个体生育控制

本书首先以贝克尔（Becker，1960）的生育模型作为分析的起点，讨论个体的生育控制。根据李和王（Lee and Wang，1999）的研究，传统的中国农业社会已经存在诸如推迟结婚年龄、延长生育间隔以及杀婴、溺婴等多样的生育控制手段，然而，考虑到中国“多子多福”的传统观念以及农业社会的劳动分工情况和极低的未婚比例，生育控制手段发挥作用的空间有限，本书把研究的重点从讨论生育控制手段转向个人的生育决策，而将生育控制手段以及最终的生育水平均看作是生育决策的结果。根据贝克尔（1960）的观点，在讨论生育决策时，环境因素的重要性将被着重讨论。

2.3.1.1 模型设定

本书首先对模型中出现的概念加以定义。为简化分析过程，本书认为个人对自己的生育水平具有绝对的控制权。对大部分人而言，一方面，生育子女能够带来精神上的满足和愉悦，同时也是传统的“多子多福”观念的体现；另一方面，根据传统中国“养儿防老”的观念，子女在成人以后可能给父母带来正向回报。因此，本书沿用贝克尔的定义，将子女视作正常消费品，能够给父母带来正效用。由于本书的研究局限于中国传统农业社会，因此假设不同家庭的父母对孩子具有一致的偏好，且在子女性别偏好上，所有父母均更为偏好男孩。贝克尔的模型对子女的质量与数量之间的替换进行了讨论；薛（Shiue，2017）的研究证实，13 至 19 世纪中国人口生育也存在着人口数量与质量之间相互替代的人口转换现象。因此，本书同样将子女的质量纳入考虑，并假设“高质量”的子女仅代表父母在该名子女身上进行的额外投资能够获得额外的效用增加，而并不代表该名子女在其他方面具有优势。考虑到当家庭收入增加时，父母可能会在减少生育数量与减少子女投资等方面进行权衡，本书假设收入子女数量弹性 ≠ 收入子女质量弹性。当收入增加时，可能造成生育水平的增加，也可能造成子女质量的提高。本书在这里假设子女质量弹性小于子女数量弹性。

根据之前的定义，本书建立了生育模型，具体说明如下。

本书只考虑生育数量 n 。这里沿用马尔萨斯模型的常规假设（Galor and Weil，2000），除养育孩子以外，家庭同样存在一个维持生存必需的消费水平 $\overline{C}$ ，在这一消费水平之上，每个核心家庭的偏好为：

$$u(C,\ n) = C^{1-\gamma} n^{\gamma}$$

其中，C 代表家庭的消费水平，n 代表生育水平。n 进入效用函数的方式与贝克尔的定义一致。

2.3.1.2　静态均衡与比较均衡

假设家庭的收入为 y ，消费的成本单位化为 1，抚养孩子的成本则由 ρ 表示。

根据上述假设，基于效用最大化的个人最优生育水平为：

$$\max\ C^{1-\gamma} n^{\gamma}$$

$$\text{s. t} y - \rho n \geq \overline{C}$$

$$n \geq 0$$

求解最优化问题，得到个人的最优生育水平为：

$$n = \begin{cases} \gamma y/\rho \text{ if } y \geqslant \bar{C}/(1-\gamma) \\ (y-\bar{C})/\rho \text{ if } y \leqslant \bar{C}/(1-\gamma) \end{cases}$$

从这一模型看，本书将得到和马尔萨斯模型一致的结论，即增加的家庭收入将导致生育水平的上升。但与马尔萨斯理论的不同之处在于，马尔萨斯认为，增加的家庭收入造成了婴儿死亡率的下降，如果儿童存活率的上升能够抵消出生率的减少，那么最终能够观察到生育水平的上升。马尔萨斯同时认为，增加的家庭收入将导致结婚年龄的提前和节育行为的减少。而在这一基于贝克尔的生育模型建立起的最优生育水平选择模型中，收入增加主要是放松了个体的预算约束，进而促进了生育数量的增加。

接下来引入外生冲击 X。X 会带来两方面的影响：一方面可能导致儿童死亡率的升高，另一方面可能会对家庭财富造成冲击。假设：外生冲击 X 对子女死亡率的影响为 x^n，$x^n < 1$；外生冲击 X 对家庭财富的影响为 x^y，$x^y < 1$。

那么，个体生育的期望效用为：

$$u(C, n) = (x^y y - \rho x^n n)^{1-\gamma}(\sigma n)^{\gamma}$$

个人的最优生育水平为：

$$\max(x^y y - \rho x^n n)^{1-\gamma}\sigma^{\gamma} n^{\gamma}$$

$$\text{s. t}\begin{cases} x^y y - \rho x^n n \geqslant \bar{C} \\ n \geqslant 0 \end{cases}$$

在这种条件下，个人的最优生育水平为：

$$n^* = \begin{cases} \dfrac{x^y}{x^n} \cdot \gamma y/\rho \text{ if } y \geqslant \bar{C}/x^y(1-\gamma) \\ (x^y y - \bar{C})/\rho x^n \text{ if } y \leqslant \bar{C}/x^y(1-\gamma) \end{cases}$$

比较没有外生冲击时的最优生育水平和存在外生冲击时的生育水平可以发现：存在外生冲击时的生育水平与 ρ/σ 有关，即如果外生冲击对家庭财富的影响大于对儿童死亡率的影响，那么生育水平就可能由于预算约束的收紧而下降，如果外生冲击对儿童死亡率的影响大于对家庭财富的影响，那么家庭就可能为抵消子女死亡带来的效用减少而提高生育水平。

本书可以观察到的是，由于外生冲击的影响，个人的最优生育水平满足角点解的解空间 $y \leqslant \overline{C}/x^{\gamma}(1-\gamma)$ 扩大了，这说明当外生冲击发生时，个人选择最优生育水平时获得的效用可能小于未发生外生冲击时。

2.3.1.3 假设

根据前文的推导，本书得到如下假设：

外生冲击通过影响家庭收入降低家庭生育水平。

2.3.2 冲击下的族内生育控制

上节仅考虑了核心家庭的生育决策，但在中国传统社会中，宗族这种社会组织形式对家庭规模也存在着影响。李和王（Lee and Wang，1999）认为，宗族组织对人口生育率的影响主要在于族的家长对所有家庭成员具有绝对的权威，并且可以决定家族成员的婚姻、生育甚至死亡。在中国传统农业社会中，宗族组织拥有大量公共财产（Greif and Tabellini，2017），并且宗族组织内部长期存在着合作分工的文化传统与组织形式（Greif，2006），宗族组织成为为族内成员提供公共品和公共服务的基础社会组织。因此，本节把宗族的生育控制决策与族内个人的生育水平放在宗族这一组织中进行讨论，并假设族内个体将使用宗族组织提供的公共产品抚育子女。从这一角度看，宗族内部的生育控制与生育决策的约束就被放松了：首先族内成员存在着搭便车的动机，因此有多生育的倾向，但如果生育过多，族内公共品数量就难以保障族内其他活动的正常进行，因此，族内成员需要选择合适的生育水平以保证族提供的公共品数量能够维持族的持续发展。

2.3.2.1 模型

沿用上节所用模型，本节证明在个体使用族内公共财富抚育子女的假设下，其生育水平将高于仅使用个人财富抚育子女的生育水平。

为了简化分析，假设族由两个核心家庭组成，家庭 A 和家庭 B；家庭 A、B 共同劳动，并共同支配总收入 Y，家庭 A 和家庭 B 独立决定各自的生育水平，但消费水平则由所有家庭共同决定，族内所有家庭的消费水平相同。对于给定的生育水平 n_A 和 n_B ，两个家庭的消费水平为：

$$c_A = c_B = (Y - \rho(n_A + n_B))/2$$

那么这两个家庭的最优生育选择为：

$$\max[(Y - \rho(n_i + n_{-i}))/2]^{1-\gamma} n_i^{\gamma}$$

$$\text{s.t}\begin{cases}(Y - \rho(n_A + n_B))/2 \geqslant \bar{C} \\ n \geqslant 0\end{cases}$$

最优的生育水平为：

$$n_A = \gamma(Y - \rho n_B)/\rho$$

$$n_B = \gamma(Y - \rho n_A)/\rho$$

从这一结果可以看出，族内家庭之间生育水平相互影响，或者说族内某一家庭的生育水平是由族规模以及族内其他家庭的生育数量决定的。

假设族内家庭均为同质的，那么

$$n_A = n_B = \begin{cases}\gamma Y/\rho(1+\gamma) & \text{if} \quad Y \geqslant 2\bar{C}/(1-\gamma) \\ Y - 2\bar{C}/2\rho & \text{if} \quad Y \geqslant 2\bar{C}/(1-\gamma)\end{cases}$$

由于$\gamma < 1$，$\gamma + 1 < 2$，因此当族内家庭共同生产创造的财富水平高于家庭单独生产时（$Y > 2y$），族内家庭的最优生育水平一定会高于核心家庭单独生产时选择的生育水平。

当发生外生冲击造成族内财富水平下降时，家庭的生育水平也会随之受到影响。

2.3.2.2　假设

由此本书得到以下假设：

族内家庭的生育水平由族的规模以及族内财富水平决定；发生外生冲击时，族规模的变动以及冲击造成的财富水平变动会带来家庭生育水平的变化。

3 气候冲击、人口变化与官员流动的数据集情况

本章是对盛京地区气候冲击、微观家庭人口数据、地方政府赈灾手段以及盛京地方官员流动性变化数据集的说明。本章首先对数据来源和数据选取情况进行说明，然后对盛京地区发生的气候冲击尤其是水患冲击的类型以及时空分布特点进行简述，最后给出盛京地区微观家庭人口的特点和官员流动性变化的相关信息。

3.1 数据来源与数据选取

3.1.1 气温变化与气候冲击

3.1.1.1 气温变化

温度数据是用来衡量气候变化的主要数据，而气候变化所导致的洪水和旱灾等气候灾害在传统的农业社会通常会对人类社会产生更为严重的后果。本书使用由方修琦和侯光良（2011）重建的中国全新世气温序列以及杨等（Yang et al., 2002）重建的中国历史气温数据。选择杨等（Yang et al., 2002）的气温数据作为补充的主要原因在于，尽管有大量研究同样致力于重建中国的历史气温数据，但大部分研究都集中于华北和江南地区，而杨等的研究不仅包含了华北和江南地区的历史气温数据，还包含了根据长白山金川泥炭地湿地植物 $\delta^{18}O$（氧的同位素比值）变化推测的历史气温数据，与本书研究的盛京地区在地理位置上更为接近。本书研究的区域主要为中国东北地区，因此，在使用历史气温变化趋势数据时，主要使用

根据长白山金川泥炭湿地植物推测出的气温序列数据以及中国全新世气温数据。

但需要注意的是，重建的历史气候数据与现在能够准确测量并记录的气候数据存在极大差异，本书所使用的的历史气候数据并非当年的真实气候数据，而是根据历史资料、树木的年轮以及泥炭湿地植物纤维、冰核中元素的含量变化等推断重建的，这一数据仅仅能够反映一段历史时期内气候的波动情况（Mann et al.，2008）。

3.1.1.2　气候冲击

本书主要使用水灾数据作为气候与灾害冲击的主要代理变量，原因是尽管盛京地区在清朝中后期也发生了数次旱灾，但从影响范围、发生频率看，水患则是盛京地区发生最频繁、影响范围最大的气候冲击。对比图 3.1 中的自然灾害次数与水患发生次数可以发现，在大部分年份，水患冲击的发生次数和盛京地区的自然灾害冲击完全重合。

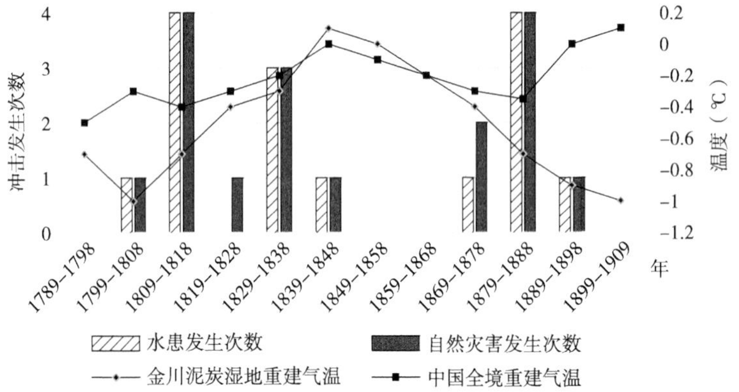

图 3.1　气候冲击与温度变化

由于历史条件所限，清代东北地区水患过去只有零星记载，资料统计从晚清开始才逐步全面，1736 年以后才有连续记载。本书水患数据主要由《清实录》、《清史稿》以及《清代辽河、松花江、黑龙江流域洪涝档案史料》等总结归纳而成。

就水患的规模而言，根据受灾范围与受灾程度对水患进行区分：将受灾地区占 2/3 及以上，史料中明确记载有大量房屋倒塌和人畜溺毙的水灾视为特大水灾；将受灾区域在 2/3 以下、1/3 以上，史料记载中出现部分房屋坍塌和人畜溺毙情况的水灾视为严重水灾；将仅有少数州县受灾，灾情损失较小，无正规史料记载的房屋倒塌、人畜伤亡的水灾视为一般性水灾。按照这一标准，1789—1900 年，辽宁地区共发生水灾 16 次，其中严重水灾 11 次，特大水灾 5 次。

3.1.2 家庭与族内人口婚育行为数据

3.1.2.1 家庭人口行为

考察气候变化对中国传统社会个体婚育行为的影响，需要有效的微观家庭和人口数据。本书使用中国多世代人口数据库数据作为数据来源，这一数据库数据整理自清代辽宁地区内务府下辖人丁户口册。选择这一数据库作为数据来源，主要基于以下几个原因。

一是这一数据库覆盖的时间长，能够较为完整地反映清中后期中国传统社会家庭行为的变化。

二是这一数据库包括了辽宁北部，辽宁中部、中南部和辽宁南部 700 余个村庄的数据，既包含了辽河平原等历史洪水高发区域，也包括了长白山余脉和千山山脉构成的丘陵地带等洪水低发地区，能够对发生水灾地区和未发生水灾地区的个体行为进行比较研究。

三是这一数据库的信息不仅记录了家庭成员的出生、死亡、婚姻、生育情况，还记录了家庭中家长的更替情况，能够完整地反映个人与家庭行为的变化。

3.1.2.2 族内人口行为

本书利用中国多世代人口数据库作为微观人口数据，对中国传统社会的基础社会组织“族”与生育行为之间的关系进行研究。选择多世代人口数据库作为研究的数据来源，主要基于以下几个原因。

第一，该数据库时间跨度长，能够较为准确地捕捉到清中后期直到清晚期中国传统社会人口中族的行为以及个人行为的变化。

第二，该数据库为面板数据，不仅记录了某一时间范围内人口的行为，还能够追踪某个个体的出生、死亡、婚育以及迁移等行为，并以地域、族、户为单位对人口进行了划分。这对研究族的变更与人口行为的变化更为便利。

第三，该数据库既包含了受水患冲击频繁的辽河平原地区人口数据，也包含了受水患冲击影响较小的千山山脉等丘陵地带的人口数据，便于对受冲击地区和未受冲击地区进行对比。

在盛京内务府下辖旗丁户口册中，自 1789 年以后，族作为正式的管理其下家庭的基本行政单位出现在记录中。因此，本书使用从 1789 年到 1909 年的多世代人口数据进行研究。该数据库共包含了 46 915 项族记录，其中，每个户口册下每年平均记录了 102. 6 个族，每族平均由 5. 95 户家庭组成，每族平均包含了 54. 8 名人丁的记录，考虑到在户口册中存在着大量女性和儿童遗漏变量，实际族内人口规模应大于记录规模。

3. 1. 3　政府赈灾行为与官员流动性变化

3. 1. 3. 1　粮价数据

粮价数据主要来自台湾近代史研究所的清代粮价资料库，本书使用 1789—1909 年的粮价数据。未使用 1910 年和 1911 年粮价数据的主要原因是，这两年出现了粮价的异常暴涨，这可能与社会的动荡以及清王朝走向崩溃有关。在地区的选择上，由于数据所限，本书选取奉天全境平均粮价数据、奉天府粮价数据和锦州府粮价数据。在粮食品种的选择上，由于数据所限，本书选择了大米和高粱两种粮食对粮价进行估计。清代的粮价奏报，有最高价和最低价之别。本书在进行分析时，使用每月最高价和最低价的平均值作为粮食的“当月价”。除此之外，由于水灾冲击多发生在夏季，但粮食歉收造成的后果往往在冬季显现，因此，本书使用当年冬季粮价与当年夏季粮价之差作为反映当年粮价波动的指标。

3. 1. 3. 2　政府赈灾数据

政府救灾数据在《钦定大清会典事例》《清实录》以及地方通志中均

有记载。本书使用的救灾数据主要整理自《钦定大清会典事例》和《中国气象灾害大典》，其中，政府赈济情况来自《中国气象灾害大典》，而蠲免和缓征数据整理自《钦定大清会典事例》。蠲免数据既包含对当年应征钱粮的蠲免，也包含对往年应征钱粮的蠲免。

3.1.3.3 官员变化数据

官员数据来自清代缙绅录量化数据库，目前清代缙绅录量化数据库仅开放了1900年到1911年的官员数据信息。清代缙绅录量化数据库既包含官刻本数据（《爵秩全览》），也包含坊刻本数据（《职官录》《缙绅全书》），为保证数据的准确性，本书只保留了官刻本的数据；由于1910年和1911年官刻本数据缺失，这两年的数据来源自坊刻本《职官录》。通过使用清代职官年表和中国历代人物传记资料库（CBDB）对重复数据和存疑数据进行清洗后，本书共保留了盛京地区55名五品以上职官1900—1911年共1 001条缙绅录数据，用以对高级职官的任期长短以及职位变动进行分析。经过对任期长短和职位变动数据的计算，共保留了167条官员动态变化数据。

官员品级数据来自《清史稿·职官》，缙绅录数据库中官职名称前往往附加“赏戴花翎”“赏头品顶戴”等赏赐级别，为简化研究，官员品级按照实际官职计算。

3.2 盛京地区的气候冲击与水灾数据概况与特点

3.2.1 盛京地区气候冲击概况

晚清是中国历史上气候变化较为剧烈的一个时期，是中国气候史上的冷期，同时也是中国历史上的灾害群发期。这一时期自然灾害的频发与气候的剧烈变动相关。据统计，清代268年中，盛京地区发生水灾、旱灾、雹灾、蝗灾、地震等气候冲击的次数多达129次，其中，以水灾发生频率最高，破坏性最大。

表3.1统计了清代中后期盛京地区各种灾害冲击的发生次数，从数量和发生频率上看，水灾是这一地区最为严重、发生最为频繁的气候冲击。另外，从表中可以明显看出，整个清代气候冲击发生次数具有明显的时间不均衡性，清后期气候冲击的发生次数明显多于清前期。以该地区的水灾为例：以嘉庆朝为节点，从顺治至嘉庆年间，平均每年发生水灾的概率约为17%；而从道光到宣统年间，平均每年发生水灾的概率高达45%。旱灾的时间分布亦是如此，从顺治到嘉庆朝共176年，旱灾发生次数为10次；而从道光至宣统朝的92年，旱灾发生的次数为8次。

表3.1　晚清盛京地区各种灾害冲击的发生次数统计

年号	在位时长（年）	水灾（次）	旱灾（次）	地震（次）	虫灾（次）
嘉庆	25	11	1	0	1
道光	30	13	3	0	1
咸丰	11	2	1	4	3
同治	13	8	1	3	0
光绪	34	16	3	3	2
宣统	3	3	0	0	0
清代总计	268	72	17	15	11

3.2.2　盛京地区的水患冲击

3.2.2.1　水患冲击类型

由于自然地理条件、气候条件、水文特征、地形地貌等特点，以及人类经济社会活动规模与特点等因素的不同，水灾形成的条件、机理也不尽相同，由此形成了多种类型的水灾。清代盛京地区的水灾类型相当多，其中雨灾和江河洪水发生最为频繁，本节仅就这两类进行详细说明。

雨灾是最常见、威胁最大的水灾。根据于春英（2012）的统计，清代东北受雨灾威胁的地区近50%，东北各种地形的地区均有发生。

江河洪水是江河决口、满溢所导致的洪涝灾害。江河洪水的危害后果较雨灾更为严重（首先洪水成灾往往仅在瞬间，另外其危害后果极重）。盛京地区夏、秋两季雨水集中，极易形成大型洪水。清代发生的特大水灾都是这种类型。如1888年盛京地区发生的特大水灾，“八月，辽河以东、以南近八万平方公里的广大地区，大雨滂沱，奔腾暴注，七个昼夜雨不停。浑河、太子河、鸭绿江以及辽河、大洋河、碧流河、大清河等水系同时泛滥，中部地区几百里汪洋，视如大海……洪水铺天盖地，横流千里，都成泽国；禾稼颗粒无存，房屋墙壁、上盖均无存，人畜房器漂没无计，为百年未有的巨灾”（温克刚，2005）。1911年特大水灾“辽河中下游及其支流——清河、柴河、柳河，大雨倾盆，冲毁河堤，尤以巨流河一带最严重……受灾人口四十二万人。奉天北部沿河平地水深约三尺……奉天上千人丧生，灾民遍野”（温克刚，2005）。

3.2.2.2 水患冲击特点

表3.2给出了盛京地区水灾冲击的基本概况。

表3.2 1841—1909年盛京地区水灾冲击概况

时间	公历时间（年）	受灾地区	水灾等级
道光二十一年	1841	承德、锦县、宁远、辽阳、牛庄、盖州、岫岩、凤凰城、广宁、海城	特大水灾
同治十二年	1873	开源、新民厅、广宁、牛庄、兴京、承德、辽阳、海城、盖平、熊岳、复州、岫岩	特大水灾
光绪五年	1879	开源、新民厅、广宁、牛庄、兴京、承德、辽阳、海城、盖平、熊岳、复州、岫岩、新民厅、广宁、牛庄、承德、海城、盖平、复州	特大水灾
光绪十二年	1886	开源、巨流河、新民厅、广宁、牛庄、营口、兴京、承德、辽阳、海城、锦县、岫岩	特大水灾
光绪十四年	1888	巨流河、新民厅、牛庄、营口、兴京、抚顺、承德、辽阳、海城、盖平、熊岳、复州、宁海、岫岩	特大水灾

续表

时间	公历时间（年）	受灾地区	水灾等级
嘉庆十一年	1806	铁岭、巨流河、广宁、牛庄、兴京、抚顺、承德、辽阳、海城、锦县、盖平、复州	严重水灾
嘉庆十五年	1810	广宁、牛庄、兴京、抚顺、承德、辽阳、海城、盖平、熊岳、复州、宁海、岫岩	严重水灾
嘉庆十七年	1812	铁岭、广宁、牛庄、承德、辽阳、海城、锦县、盖平、熊岳、复州、宁海	严重水灾
嘉庆二十年	1815	铁岭、巨流河、广宁、牛庄、兴京、承德、复州、宁海、岫岩、喀喇沁	严重水灾
嘉庆二十三年	1818	巨流河、新民厅、广宁、牛庄、兴京、承德、辽阳、海城、锦县、宁远、宁海、岫岩	严重水灾
道光九年	1829	新民厅、广宁、承德、辽阳、锦县	严重水灾
道光十一年	1831	开源、铁岭、新民厅、广宁、牛庄、承德、辽阳、义州、锦县、宁远	严重水灾
道光十四年	1834	新民、广宁、牛庄、兴京、承德、辽阳、海城、盖州	严重水灾
光绪十一年	1885	广宁、牛庄、兴京、辽阳、海城、岫岩	严重水灾
光绪二十年	1894	巨流河、新民厅、广宁、牛庄、兴京、承德、辽阳、海城、锦县、盖州、熊岳、复州、岫岩	严重水灾
光绪二十二年	1896	新民厅、广宁、牛庄、兴京、承德、辽阳、海城、锦县、宁远、盖平、熊岳、复州、宁海、岫岩	严重水灾
宣统元年	1909	法库、新民厅、镇安、盘山厅、兴京、承德、辽阳、海城、锦县、宁远、盖平	严重水灾

资料来源：根据水利电力部科技司、水利水电科学研究院：《清代辽河、松花江、黑龙江流域洪涝档案史料》，清代江河洪涝档案史料丛书，中华书局1998年版，第9-11页整理。

除表 3.2 标明的严重水灾及特大水灾外，清代盛京地区共有 51 年有一般性水灾记载，约占全部水灾的 71%。

从时间上看，水灾发生具有明显的时间分布不均衡的特性。清中后期根据水灾发生的次数，可以分为三个阶段：第一阶段是从嘉庆元年至道光末年，55 年间发生水灾 40 次，发生严重水灾以上级别的共 9 次，属于水灾冲击的高发期；第二阶段是从咸丰元年至咸丰末年，11 年间发生水灾一次，未发生严重水灾，是水灾冲击的低发期；第三阶段是从同治元年到宣统末年，50 年间发生水灾 43 次，其中严重水灾以上级别的共 7 次。

表 3.3 给出了盛京地区水灾冲击的地区分布，从地区分布上看，盛京地区水灾冲击也具有空间上的不均衡性。沿河流域以及盛京南部地区为水灾的高发地区，而山区及丘陵地带水灾发生次数较少。

表 3.3　1736—1911 年盛京水灾波及州县及地区所占年次表

州县及地区名称	年次	州县及地区名称	年次
广宁	42	盖平县	15
承德	40	开原	15
兴京厅	33	复州	14
锦县	31	宁远州	14
辽阳州	30	铁岭县	11
牛庄	28	义州	5
新民	23	昌图厅	3
岫岩厅	17	金州厅	0

资料来源：根据水利电力部科技司、水利水电科学研究院：《清代辽河、松花江、黑龙江流域洪涝档案史料》，清代江河洪涝档案史料丛书，北京：中华书局 1998 年版，第 13 页整理。

3.3 盛京地区微观家庭人口婚育行为特点和概况

经过数据清洗和筛选，本书使用的微观家庭人口数据共包含了32 025个家庭从1852年到1889年共128 529条人口登记记录，其中，发生在气候冲击低发期（1852—1870年）的人口记录占比为50.7%，发生在气候冲击高发期（1871—1889年）的记录占49.3%。家庭人口基本情况以及婚育行为描述性统计结果如表3.4所示。

表3.4 盛京地区家庭人口及婚育行为描述性统计表

变量	样本量	均值	标准差	最小值	最大值
生育水平	128 529	1.26	1.36	0	17
儿子数量	128 529	1.15	1.22	0	13
新生儿数量	128 529	0.24	0.56	0	7
死亡率	128 529	0.05	0.22	0	1
儿童死亡率	84 252	0.01	0.10	0	1
性别比例	84 252	0.06	0.19	0	1
新生儿性别比例	25 070	0.03	0.17	0	1
男性初婚年龄	13 825	21.33	7.33	3	65
男性初次生育年龄	21 756	24.48	9.73	11	67

图3.2反映了盛京地区家庭生育水平与气温变化和气候冲击之间的关系，从图中可以看出，盛京地区的人口生育水平呈现出先上升后下降的趋势，这一变化趋势与清代中期中国人口生育高峰相吻合。图3.2（1）表明，随着清晚期盛京地区气温的急剧降低，盛京地区人口的生育水平也明显下降，但清中期的辽宁地区的低温并未对人口生育高峰造成明显的影响。图3.2（2）表明，随着1869年后水患冲击尤其是严重水患冲击的频繁发生，冲击高发区的生育水平逐渐低于冲击低发区水平。

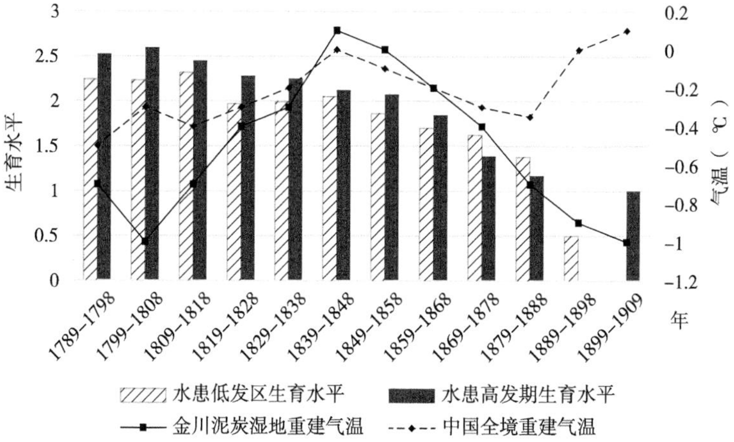

（1）生育水平与气温变化

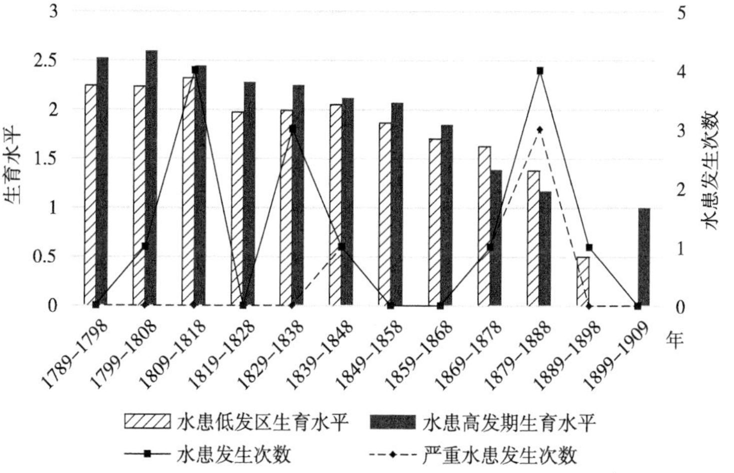

（2）生育水平与水患冲击次数

图 3.2 辽宁地区人口生育水平与气候变化（1789—1909 年）

3.4 盛京地区粮价变动、政府赈灾与官员流动情况

3.4.1 粮价变动与政府赈灾情况

表 3.5 给出了粮价与政府赈灾情况的描述性统计结果，其中包括 1789

年到1909年盛京地区大米和高粱的均价，每年的粮价波动情况，以及政府历年是否采取赈济、蠲免和缓征等措施。

表3.5　1789—1909年盛京地区粮价波动与政府赈灾情况描述性统计

变量	样本量	均值	标准差
全境平均粮价（大米）	117	464.0	485.3
全境粮价波动（大米）	103	10.96	217.6
全境平均粮价（高粱）	118	165.6	75.50
全境粮价波动（高粱）	105	-7.092	43.33
蠲免_当年（是=1）	119	0.025 2	0.157
蠲免_历年（是=1）	119	0.033 6	0.181
缓征（是=1）	119	0.109	0.313
赈济（是=1）	119	0.084 0	0.279

3.4.2　官员流动情况

由于出身和民族身份对官员的任职和调转均有影响，本书将官员出身区分为进士、举人、贡生、荫生、监生和生员，同时对官员的民族身份和是否为皇族进行了区分，设置了汉官二值变量和宗室/觉罗二值变量。

另外，盛京地区选官的特殊性，高品级职官的官缺均属题缺，即铨选需要由内阁和吏部开列合适人员名单，由皇帝最终决定官员人选；各厅同知等职亦属题缺。因此，本书在对官员背景的分析中也加入了职官与时任京师内阁大学士、总理大臣以及吏部主官的政治关联，以及各厅佐官与主官的政治关联。政治关联表示某官员是否与主官同年科考或是否与主官有共同的出生地或旗分。见表3.6。

表 3.6 1900—1911 年盛京地区五品以上官员出身背景、政治关联以及流动性变化描述性统计

变量	样本量	均值	标准差
品级变动	167	0. 362	1. 378
任职时间	167	2. 299	2. 314
赈灾机构（是=1）	167	0. 089	0. 287
与中央政府关联	167	0. 143	0. 352
与地方主官关联	167	0. 682	0. 466
进士（是=1）	167	0. 485	0. 501
举人（是=1）	167	0. 048	0. 214
贡生（是=1）	167	0. 029	0. 171
监生（是=1）	167	0. 078	0. 268
满人（是=1）	167	0. 473	0. 501
汉官（是=1）	167	0. 449	0. 499
皇族（是=1）	167	0. 078	0. 269

3. 5 结语

本章首先介绍了本书采集的数据，主要包括气候冲击数据、气温变化数据、人口婚育行为数据、粮价变动以及政府赈灾数据、官员流动性变化数据，然后介绍了盛京地区气候冲击在统计学上的主要特点，包括空间分布、时间分布等，并对盛京地区特大水灾的具体情况进行了简要叙述，最后分析了温度变化、气候冲击与人口婚育行为变化、粮价变动的基本关系，并对各项数据进行了简单的描述性统计。

4 历史背景：气候冲击的消极影响与晚清失效的政府赈灾体系

本章是对本书历史背景的说明。首先通过对史料的归纳，阐述了晚清频发的气候灾害对盛京地区居民生产生活造成的影响，然后利用晚清粮价数据，对盛京地区的赈灾体系以及政府赈灾效果进行了检验。

在传统农业社会中，气候冲击对灾民健康和生产生活会带来消极的影响。在这种情况下，政府赈灾的有效性直接关系到能否保障灾民的基本生存需求、尽量消除冲击的负面影响。尽管清代赈灾体系相对成熟，但晚清政府内外交困的窘境，使得清政府无论是从财政水平还是国家治理能力上，都难以维持赈灾体系的有效运转。本章首先通过总结史料，考查气候冲击后灾民的艰难生活，进而通过对灾后粮价以及官员流动的量化分析，评估政府赈灾和赈灾系统监管的有效性，证明晚清政府赈灾体系是否失灵。但由于本章所获数据极为有限，实证分析的结果仅可作为介绍历史背景的参考，而非准确的结论。

4.1 气候冲击、资源稀缺与人口压力

盛京地区频发的水灾一方面造成了直接人员伤亡，严重损害了灾民健康水平，如“道光十四年（1834 年）秋九月，盛京地方山水陡发。安东县水灾淹死四百一十五人”（温克刚，2005）；另一方面导致生活生产资料锐减：房屋倒塌、牲畜死亡、农田被毁，家庭财产的减少加剧了人口生存的压力。“咸丰六年（1856 年）夏，开原大雨，河水泛滥，平地水深尺余，冲没田禾，坏庐舍，人畜漂溺。”（温克刚，2005）同治十二年（1873 年）

都兴阿等奏“牛庄厢黄、正白、正蓝、厢蓝五旗界，辽阳正黄、正红、厢白三旗界旗人站丁等所种册地，被淹致灾五分至九分……并有水冲旗户住房四千八百二十一间”。宣统三年（1911 年）奉天巡抚锡良奏“臣查新民府处柳河尾闾，地势低洼，历年为灾……灾区虽不甚广，田庐受害特重，转瞬冬寒，小民荡析离居，情形殊堪悯恻……”（水利部科技司，1998）。

随着农田被毁、粮食短缺，粮商囤货居奇、抬高粮价，最终迫使灾民饥寒交迫、流离失所。光绪十三年（1887 年）“秋奉省海城等县猝遭水患，饥民麇集，待食孔殷，亟应发仓赈抚。安东县以所属之大河崖等牌，秋禾被淹，虽未成灾，地处沿河，水发之际，民多奔避，困苦无聊，情殊甚怜”（水利部科技司，1998）。“被水村镇田庐、粮物冲失无存，现在各处饥民掘食草根河以糠饼者所在皆是，面有菜色，触目堪怜”，“沿河一带小民荡析离居，尤形狼狈。”（水利部科技司，1998）

根据上一章对水灾强度的划分，清中后期盛京地区发生了 6 次特大水灾。据史料记载，发生在光绪十四年（1888 年）的特大洪灾，从洪水的范围强度以及损失的严重程度看，都是一次百年不遇的水患灾害。因此，本节选取光绪十四年特大水灾，对灾害冲击的范围和直接影响进行简要说明。

光绪十四年（1888 年），盛京境内“入夏以来两月未雨，禾苗渐就枯槁……直至五月十五日省城始获甘霖……所属各境亦陆续沾足”（水利部科技司，1998），但到了七月初至八月上旬，盛京境内连降大雨，以致浑河、太子河、苏子河、辽河、大洋河、碧流河、大清河等先后暴涨，“遂致安东、通化、兴京、凤凰、承德、辽阳、海城、盖平、岫岩等厅州县俱罹巨浸。计自东边迤逦至西南营口、牛庄等处，绵亘千里，都成泽国”（朱寿朋，1984）。

根据盛京驻防大臣庆裕的奏报，七月十四日庆裕奏：“七月初五日大雨滂沱，一昼两夜连绵不绝。省城南门五里河向称沈水，上与浑河相通，由土城内经流穿郭而出，西入辽河。初七日巳刻浑河暴涨，贯注五里河，泛滥出槽，顿高二三丈，宽约数里。两岸田禾、庐舍俱被冲淹。居民未经漂没者，猱升屋顶木杪，呼号之声，惨不忍闻。人口、牲畜、木值、器皿顺流漂下，不计其数。”（水利部科技司，1998）七月十九日，庆裕又奏省城东南关被淹，“于七月初七日陡涨大水，淹毙人口，冲倒房屋”（水利部科技司，1998）。

从有关史料可见，此次水灾对盛京地区的农业生产、人口健康和财富水平造成了巨大的破坏。

4.2 失效的地方政府赈灾系统

清政府对于灾荒的赈济，有一套颇为严密的制度。在灾民救济上，采取了诸如赈济、蠲缓、平粜、设立粥厂、广施借贷、安辑流民、以工代赈等救灾措施。这在一定程度上能够缓解灾情，挽救经济损失。通过救济灾民起到缓解民生，维持社会秩序稳定的作用。但处在内外交困之中的晚清政府，治理能力逐年下降，政府赈济的有效性也在下降，很难缓解水患对灾民生活造成的负面影响。

4.2.1 政府赈灾系统失效原因

清代已经形成了一套颇为严密的赈灾制度，具体包含赈济、蠲缓、平粜等。赈济是政府救灾的重要措施，即直接发放银米。“光绪十二年九月，奉天辽河巨流、大凌等河，因连日大雨，山水暴发……著将本年万寿节内务府应进银一万两拨为奉天赈济之用。”① “光绪十五年四月，赈抚被灾旗民，动用仓米六万四千五百余石，银六千三百余两。又借拨民仓米七万三百余石。”② 蠲缓包括蠲免和缓征两套救灾程序，即免除特定税赋或延缓征收税赋。平粜是指在荒年缺粮时，官府平价或减价出售粮米，以维持粮价稳定，防止灾后物价飞升。

① 《德宗景皇帝实录》，卷二三二，北京：中华书局，1987。
② 《德宗景皇帝实录》，卷二六九，北京：中华书局，1987。

尽管以上救济措施能够在一定程度上缓解灾情，通过对灾民的生活的救助维持社会稳定，但在清晚期，清代政府的救灾系统几乎完全失效。救灾系统失效的首要原因是赈灾机构能力有限。在发生较大规模水患冲击后，赈灾系统很难覆盖所有受灾区域和全部灾民。光绪十五年（1889 年）都察院左都御史奏报“将军府尹同措麦种八千余石，散给被灾人户耕种，早资接济，赏银一万两分给灾区，……委员分投买米设粥厂十余处……每厂日活万八千人，但距厂稍远之地，逃荒者仍络绎不绝”[①]。

在赈灾机构本就无力完全覆盖受灾区域的前提下，还存在着赈灾人员办事拖沓、懒政懈怠的问题。地方官员隐瞒灾情，严重影响了赈灾的效率。如嘉庆十六年（1811 年）“葵丑谕内阁，赛冲阿奏沿途目击奉天灾民迁徙情形一折。奉天岫岩、复州、宁海等处被灾歉收，前和宁于经过该处时，据实奏闻，朕当经降旨，将该处应征各项银米加恩缓征，并饬令观明等将有心讳匿之州县查参，该将军等至今尚未奏到，殊觉延玩。昨于奏请停止采买仓谷折内，仅声叙该省粮价增昂，而于地方之荒歉，百姓之流离全不声叙，始终匿未陈奏，漠不关心，实属溺职，无能已极。今赛冲阿途次亲见各灾民挈眷出边络绎在道，可见该处被灾情形较重，将军府尹等统辖郡邑，察吏绥民，乃讳灾不报，玩视民瘼，其咎甚重”。地方官员对灾情的瞒报漏报，导致赈灾政策无法施行。

救灾系统失灵的第三个重要原因是地方政府财政紧张，用于救灾的财力更为有限。宣统二年（1910 年），奉天放赈，“第一次之放赈为馒头及小米等类不过四五之间，饥民瞬已吃尽乘手待毙，张太尊乃复电禀上继续放第二次赈粮，每大口给高粱四升，小口减半，现在派同府委绅士并省委分东西南北四路散放，闻饥民仍嗷嗷待哺”[②]。地方财政的捉襟见肘，从另一方面限制了地方政府应对灾害冲击的能力。“清代后期的政治无能、吏治腐败、救灾用人失当、救灾政策的偏颇都严重地约束了其救灾能力。”

① 《圣祖仁皇帝实录》，卷二六〇，北京：中华书局，1985。

② “水灾善后记”，《盛京时报》，宣统二年（1910 年）八月初四日。

(刘永刚和胡鹏，2005)

4.2.2 实证分析：政府赈灾与平抑粮价

本节尝试通过历史数据，对政府救灾系统的有效性进行验证。由于受灾丁户数据统计相对分散，且统计数据存在较大出入。本书从奉天府粮价入手，对政府救灾系统的有效性进行间接考察。通过前文的叙述可知，水灾冲击主要通过对粮食产量的影响对灾民的生活造成冲击，而政府的各项应对手段同样是主要通过控制粮价来缓解灾情。因此，本书通过对政府救灾手段对粮价波动影响的分析，对政府救灾系统的有效性进行验证。

4.2.2.1 数据来源

(1) 粮价数据

粮价数据主要来自台湾近代史研究所的清代粮价资料库，本书使用1789—1909年的粮价数据，未使用1910年和1911年粮价数据的主要原因是这两年出现了粮价的异常暴涨，这可能与社会的动荡以及清王朝走向崩溃有关。在地区的选择上，由于数据所限，本书选取奉天全境平均粮价数据、奉天府粮价数据和锦州府粮价数据。在粮食品种的选择上，由于数据所限，本书选择了大米和高粱两种粮食对粮价进行估计。清代的粮价奏报，有最高价和最低价之别。本书在进行分析时，使用每月最高价和最低价的平均值作为粮食的“当月价”进行分析。除此之外，由于水灾冲击多发生在夏季，但粮食歉收造成的后果往往在冬季显现，因此，本书使用当年冬季粮价与当年夏季粮价之差作为反映当年粮价波动的指标进行分析。

(2) 政府救灾数据

政府救灾数据在《钦定大清会典事例》《清实录》以及地方通志中均有记载。本书使用的救灾数据主要来源于《钦定大清会典事例》和《中国气象灾害大典》，其中政府赈济情况来自《中国气象灾害大典》，蠲免和缓征数据来自《钦定大清会典事例》。蠲免数据既包含了对当年应征钱粮的蠲免，也包含了对往年应征钱粮的蠲免。

4.2.2.2　描述性统计结果

表 4.1 给出了被解释变量和解释变量的描述性统计结果，其中，被解释变量包括 1789—1909 年盛京地区的大米和高粱均价，以及每年的粮价波动情况。解释变量包括 1789—1909 年盛京地区遭受水患冲击的次数，政府在历年是否采取赈济、蠲免和缓征等措施。

表 4.1　描述性统计结果

变量	样本量	均值	标准差
全境平均粮价（大米）	117	464.0	485.3
全境粮价波动（大米）	103	10.96	217.6
全境平均粮价（高粱）	118	165.6	75.50
全境粮价波动（高粱）	105	-7.092	43.33
水患冲击	120	0.150	0.359
蠲免_当年	119	0.025 2	0.157 0
蠲免_历年	119	0.033 6	0.181 0
缓征	119	0.109 0	0.313 0
赈济	119	0.084 0	0.279 0

4.2.2.3　模型设定与回归结果

（1）模型设定

为估计政府救灾措施对粮价的影响，本书的实证模型设定如下：

$$\Delta grain\_price_t = \alpha + \beta_1 flood\_shock_t + \beta_2 gov\_prevetion_t + \varepsilon$$

其中，$\Delta grain\_price_t$ 代表粮价的变化，$flood\_shock_t$ 代表当年是否遭受水患冲击，$gov\_prevetion_t$ 代表政府当年是否采取减灾措施，ε 为随机扰动项。

为进一步估计政府救灾措施对粮价的影响，本书在分析中还加入了水患冲击与政府减灾措施的交互项，模型设定如下：

$$\Delta grain\_price_t = \alpha + \beta_1 flood\_shock_t + \beta_2 gov\_prevetion_t + \beta_3 flood\_shock_t \times gov\_prevetion_t + \varepsilon$$

其中，系数 β_3 代表了控制了水患冲击年份后，政府赈灾对当年粮价的影响。在这一回归中，由于蠲免历年税负对当年粮价无明显影响，以及缓征主要针对未来税负，因此本书只加入了蠲免当年税负和赈济与水患冲击的交互项。

（2）回归结果

表 4.2 给出了基础回归结果。从回归结果中可以看出，水患冲击会明显导致当年粮价的上涨，同时也会造成当年粮价波动的增大。根据王业键（2003）对粮价准确性的检验方法，这一结果也证明了粮价数据的准确性。但从表 4.2 回归结果的第（1）（2）列以及第（5）（6）列中可以看出，水患冲击并没有造成粮价的显著下降。

表 4.2　政府救灾措施对粮价的影响

变量	(1)	(2)	(3)	(4)	(5)	(6)	(7)	(8)
	大米				高粱			
	平均粮价	粮价波动	平均粮价	粮价波动	平均粮价	粮价波动	平均粮价	粮价波动
水患冲击	199.657	169.091**	239.138*	209.021***	34.562*	-12.913	38.368*	-15.364*
	(131.343)	(67.710)	(147.434)	(76.708)	(20.300)	(12.918)	(23.457)	(14.916)
蠲免_当年	-52.859	56.013	-47.989	59.715	13.367	-33.909	13.812	-34.153
	(287.181)	(127.311)	(289.423)	(127.801)	(44.119)	(25.779)	(44.515)	(26.034)
蠲免_历年	-187.756	-24.988	-148.556	28.213	-34.595	0.918	-32.157	-3.610
	(250.482)	(111.682)	(290.429)	(128.701)	(38.544)	(22.590)	(44.728)	(26.217)
缓征	-80.083	33.663	-82.468	29.006	-4.978	-0.087	-5.134	0.288
	(146.125)	(73.091)	(147.409)	(73.502)	(23.236)	(14.801)	(23.472)	(14.973)
赈济	-99.564	-38.933	-44.448	-8.536	28.941	-7.327	33.719	-8.996
	(163.433)	(76.122)	(193.250)	(85.609)	(23.327)	(14.804)	(27.956)	(17.439)
蠲免_当年×水患冲击	—	—	-174.419	-233.269	—	—	-11.621	19.210
			(587.258)	(262.315)			(90.572)	(53.232)

续表

变量	(1)	(2)	(3)	(4)	(5)	(6)	(7)	(8)
	大米				高粱			
	平均粮价	粮价波动	平均粮价	粮价波动	平均粮价	粮价波动	平均粮价	粮价波动
赈济×水患冲击	—	—	-206.170 (369.584)	-157.728 (189.904)	—	—	-16.765 (51.866)	7.073 (33.906)
常数项	460.207*** (54.945)	-9.263 (25.371)	455.336*** (55.928)	-12.965 (25.684)	158.981*** (8.374)	-3.730 (5.127)	158.535*** (8.549)	-3.486 (5.232)
样本量	117	103	117	103	118	105	118	105
R^2	0.031	0.062	0.035	0.075	0.055	0.029	0.056	0.031

注：括号内为标准误；*** $p<0.01$，** $p<0.05$，* $p<0.1$。

回归结果的（3）（4）列和（7）（8）列表明，在控制了水患冲击的年份之后，政府实施赈务仍然对粮价无明显影响。这一回归结果从另一个方面表明清晚期地方政府赈务的失灵。

无论是史料的记载还是对历史数据的分析都表明，地方政府的救灾行动在晚清阶段完全失灵。一方面，地方政府的赈务机构无力承担大规模的救灾行动；另一方面，地方官员在赈务中的无能加剧了救灾行动的失利。粮价数据也证明了水患引起了大规模的粮价波动，但地方政府记录在案的救灾行动并未完成平抑粮价、恢复民生的任务。通过对这一时期政府救济情况的考察可以看出，当时灾荒年盛京地方政府应对突发性灾害的能力极差。

4.2.3 实证分析：政府赈务与官员升迁

上节从粮价变动的角度讨论了地方政府的赈灾水平。本节选择另一个侧面考察地方赈灾系统的失灵，即地方官员赈灾行动对职官任职时间以及官员晋升的影响，以此考察中央政府对地方官员赈灾能力的监督力度。由于所使用的官员数据集中在光绪末年与宣统时期，这一阶段有关中央政府政令下达的史料相对有限，所以这一部分的分析仅作为晚清历史背景的一个简单介绍，无法准确复原晚清官员流动与官员执政能力之间的关系。

4.2.3.1 清代盛京地区官员的考评与升迁

清代官员升迁与考评息息相关。官员考评主要遵循两个原则：论俸和考绩。

论俸叙升是清代官员特别是八旗官员流转的一个重要原则。简单说来，就是按食俸年数升迁：食俸年数多者，为资深，资深者优先升迁。

另一个官员考评的标准为考绩，亦称考课，即对官员任职期间政绩的考评，根据官职和品秩的不同，考核方式也各不相同。考课内容包含了对官员在操守、能力、勤政等方面的考核，也包括对盗案、钱粮、执法等方面的考核。从规定上看，地方官员的赈务能力与其后续的升转调黜并无直接关联。

由于缺乏合理的激励机制，盛京官员的工作热情极低。雍正到盛京祭陵时见“盛京城内……稍有能干者，俱于人参内谋利。官员等亦不以公务为事，衙门内行走者甚少，其聚会往来，不过彼此相请，食祭内嬉戏而已。司官竟有终年不至衙门者，堂官亦置若罔闻”①。但按照清代论俸升转的制度，官员的行政能力对其升转并无影响。雍正指出“盛京官员，习俗不堪。若论俸次，即行补授员外郎、主事等官。不但不得好官，且于事务不能清理”②。

4.2.3.2 实证分析

（1）变量选择

为展现盛京地区地方官员的动态流动，考察赈灾能力好坏对官员升迁等的影响，本书选取了两个变量进行研究：官员的任期长短和职级变动。其中，任期长短是指某一官员在某一职位上开始任职的时间与结束任职的

① 《钦定盛京通志》，雍正三年四月十二日，卷六。

② 《清世宗实录》，雍正七年十一月庚子，卷八八。

时间间隔。在时间间隔的计算上，为简化计算，如果该官员在某职位上的任期小于等于两个季度，即于某年的春季开始在该职位上任职，在同年的秋季结束该职位的任职或任职不足两个季度，任期按 0.5 年计；对于任期超过两个季度但不足一年的情况，任期按一年计。职级变动是指某一官员的当前职位与前一职位的品级差距。

在对官员救灾行为的考察上，由于清代地方政府并无专门的赈务部门，办赈人员均为临时委派，且难以收集相关资料，因此，在赈灾官员的统计上，除奉天府尹、盛京驻防将军等统领一地事务的官员外，本书将与征收税赋、管理钱粮和掌河工水利相关的官员也纳入赈灾官员体系中，即除奉天府尹和盛京驻防将军外，救灾相关官员还包含盛京户部官员以及各府同知等。

本节使用当年粮价波动衡量水患冲击影响以及地方赈灾水平，在上一节的分析中已经证明水患冲击会造成当年粮价波动幅度的上涨，而政府救灾手段的主要目的之一就是平抑粮价。

除与水患冲击以及救灾行动相关的变量以外，由于出身和民族身份对官员的任职和调转均有影响，本节加入了官员出身二值变量，将官员出身区分为进士、举人、贡生、荫生、监生和生员，同时对官员的民族身份和是否为皇族进行了区分，设置了汉官二值变量和宗室/觉罗二值变量。

另外，由于盛京地区选官的特殊性，高品级职官的官缺均属题缺（即铨选需要由内阁和吏部开列合适人员名单，由皇帝最终决定官员人选），各厅同知等职亦属题缺，本节在回归中也加入职官与时任京师内阁大学士、总理大臣以及吏部主官的关联变量，以及各厅佐官与主官的关联变量。关联变量表示某官员是否与主官同年科考或是否与主官有共同的出生地或旗分。

（2）模型设定与回归结果

为估计官员救灾行动对其任期长度和职级变动的影响，本书在模型中介入了交互项进行回归，模型设定如下：

$$\Delta position\_change_i = \alpha + \beta_1 flood\_shock_i + \beta_2 prevetion\_institution_i +$$

$$\beta_3 flood\_shock_i \times prevetion\_institution_i + \beta_4 aver\_riceprice_i + \delta x_i + \varepsilon$$

其中，$position\_change_i$ 代表某一官员的职位动态变化情况，$flood\_shock_i$ 代表其在任期内经历的水灾次数，$prevetion\_institution_i$ 代表该官员是否在与赈灾工作有关的机构内任职，$flood\_shock_i \times prevetion\_institution_i$ 为任期内水灾次数与是否在赈务机构任职的交互项，交互项系数 β_3 代表了官员在任期内遭遇水灾并实行赈灾相关工作对其职位动态变化的影响。$aver\_riceprice_i$ 代表官员任期内盛京地区平均粮价，由于赈灾相关数据记录缺失，这里用平均粮价衡量官员赈务水平。x_i 代表官员的特征变量，包括官员与中央政府（内阁大臣以及吏部主官）的关联以及官员与地方主官的关联、官员出身（进士、举人、贡生、荫生、监生）、官员民族（满人或汉人）以及官员是否为皇族（觉罗或宗室）。

回归结果如表 4.3 所示。

表 4.3　地方官员救灾行动与官员动态变化

变量	(1) 任职时间	(2) 品级变动
任期内水患冲击次数	0.395 (0.660)	-0.070 (0.427)
赈灾机构	-0.407 (0.621)	0.148 (0.401)
水患冲击 × 赈灾机构	-1.308 (1.696)	-1.334 (1.096)
平均粮价（对数）	-0.000 (0.000)	0.000 (0.000)
与中央政府关联	-1.064* (0.557)	-0.733** (0.360)
与地方政府关联	-0.063 (0.385)	0.525** (0.249)

续表

变量	(1) 任职时间	(2) 品级变动
监生	-0.548 (0.664)	-0.068 (0.429)
贡生	-1.481 (1.013)	-0.028 (0.655)
举人	-0.524 (0.894)	1.295** (0.577)
进士	0.807** (0.381)	-0.391 (0.246)
满人	1.810*** (0.361)	-0.068 (0.429)
皇族	1.355* (0.724)	0.422* (0.233)
常数项	1.450*** (0.486)	-1.000** (0.468)
样本量	167	167
R^2	0.249	0.116

注：括号内为标准误；*** $p<0.01$，** $p<0.05$，* $p<0.1$。

从回归结果可以看出，官员职务的动态变化没有受到任期内是否遭受水患冲击以及官员的赈务能力的影响。与中央政府具有关联对官员的任期和品级变动均有负面影响，但与地方主官具有关联对官员的品级变动有正面影响。这一结果也从一定程度上说明中央政府对地方官员迭任控制力的下降。官员的出身（是否是进士或举人）以及官员的民族身份对官员职务的动态变化均有显著影响。满人和皇族官员的任期均长于汉官和非皇族官员。官员出身和民族对地方官员品级动态变化的影响与胡祥雨和任玉雪

（2018）、陈必佳等（2018）的研究结果一致。

从这一部分的回归分析可以看出，在宣统时期地方官员的赈灾水平并未对官员的选任造成影响。这一结论既说明了缺乏有力的监管机制是清代救灾体系走向崩溃的重要原因之一，也从另一个角度证明了政府赈灾系统的失灵。

但本节的分析具有一定局限性。一方面由于数据限制，实证分析使用的数据极为有限，1900 年后的清代官员数据很难体现晚清盛京地方政府的全貌。另一方面，有关宣统时期清中央政府政令等史料严重缺失，在实证研究中缺少地方政府在 1910 年及 1911 年两次水灾冲击中救灾行动的具体数据。因此，本节的分析仅能起到“窥一斑而知全豹”的背景介绍作用。

4.3 结语

本章的分析表明，灾害冲击对灾民生活的负面影响极大，但盛京地方政府的救灾行动在晚清阶段又起不到积极作用。这一章是后续灾害冲击下微观家庭与族的决策研究的背景。在这样一个极为不利的条件下，家庭和族会做出怎样的人口决策来应对？家庭与族的人口决策又产生了怎样的长期后果？在接下来的章节中，本书会对这几个问题做出回答。

5 气候冲击下的家庭应对：气候冲击与家庭生育控制

大量研究证明，气候冲击会对人口生育行为产生影响，但由于微观家庭人口数据的缺失，有关气候冲击对家庭生育决策影响的研究仍是空白。因此，为讨论气候冲击对农业社会中国人口生育行为的影响，须对气候冲击下中国传统农业社会中是否存在着有意识的生育控制加以识别。如果“现实性生育模式”为中国传统农业社会的主流生育模式，人口增长将表现出高出生率和高死亡率的特点，气候变化将主要通过明显升高人口死亡风险降低人口规模。如果当时已经出现了有意识的人口控制，家庭将能够预见到气候冲击带来的资源匮乏，并采取相应的生育抑制手段，气候冲击将引起家庭内部生育抑制的增加。本章利用微观家庭人口数据，分析气候冲击对家庭生育决策的影响。

5.1 气候冲击对家庭规模的影响路径

上一章对气候冲击带来的影响进行了刻画。在生产生活受损、政府救济不力的条件下，气候冲击可能从以下两条路径影响家庭规模：一是气候冲击后人口死亡率急速上升导致家庭规模的缩小，即马尔萨斯理论中的“现实性抑制”；二是气候冲击带来的资源紧缺造成家庭生育决策变化，人口出生率降低导致家庭规模的缩小，即近期研究中提到的有意识的生育控制。尽管外部因素的抑制作用和家庭内部的抑制作用均能导致家庭生育率的降低，但在面对严重气候冲击这一极限环境时，究竟是外部因素造成的死亡率升高还是家庭内部为应对风险选择的减少生育对家庭人口规模下降产生了更为明显的影响？令人遗憾的是，截至目前，尚没有相关文献对此问题进行研究。

为揭示气候冲击对微观人口生育行为的影响，本章利用中国多世代人口数据库，对盛京地区的气候冲击以及冲击带来的影响进行实证检验。本书使用双重差分模型，排除地区文化差异、地方赈灾有效性差异以及潜在的户口登记缺失等带来的估计误差，发现气候冲击造成了家庭人口规模的减小，显著地促进了家庭内部生育抑制，推迟了家庭人口婚育时间，但气候冲击并未明显造成受灾人群尤其是婴幼儿死亡率的上升。明确气候冲击发生时点进行分析，该结论依然稳健。另外，本章还进一步利用代际数据，表明气候冲击所带来的婚育时间延迟能够在代与代之间进行传递，这进一步说明了家庭内部的生育控制是有意识的选择。

5.2 变量选择和变量的描述性统计结果

被解释变量为根据多世代人口数据库统计得到的婚育行为相关数据，其中，包括了生育水平、初婚时间以及初次生育时间。

为研究气候冲击对人口生育行为的影响，本书使用了两类面板数据。一类是截取气候冲击高发期前后的短面板数据，利用这一数据，本书使用双重差分模型将受气候冲击地区与未受冲击地区进行比较，以揭示气候冲击对人口生育水平的因果关系。然而，考虑到人口的寿命长度问题，短面板数据无法准确地描绘气候冲击发生时点，以及气候冲击对人口整个生命周期所带来的影响，因此本书还使用了第二类数据，即包含数据库人口完整生命周期的长面板数据。

盛京地区在清代共发生 6 次严重水灾冲击，而其中有 4 次发生在 1871 到 1890 年，而从 1843 年起到 1870 年止，盛京地区没有发生过任何水灾冲击。这一气候冲击低发期与高发期的变化，构成了进行双重差分分析的自然对比组。同时，根据薛（Shiue，2005）的研究，政府的治理能力能够影响赈灾的有效性，而根据孙（Sng，2014）等人的研究，政府的治理能力会随着王朝寿命的增加而减弱，为尽量避免政府治理能力以及赈灾手段所造成的对微观人口行为的影响，本书截取气候冲击高发期之前的 20 年，即从 1851 年起到 1870 年止，作为气候冲击低发期，与气候冲击高发期进行对比。另一方面，1889 年到 1899 年的多世代人口数据库数据存在着缺失，因此，在截取短面板数据时，1889 年以后的数据没有保留。

1850 到 1889 年短面板数据的相关统计描述由表 5.1 面板 A 给出。这部分的核心解释变量为倍差统计量，即是否为气候冲击地区（若为水灾冲击地区 = 1）与是否为气候冲击高发时期（是 = 1，调查年份在 1871—1889 年）的交互项。为进一步验证气候冲击的具体影响，本书同样使用了是否为气候冲击地区与气候冲击发生年（是 = 1，调查年份 = 1873 年，1879 年、1885 年、1888 年）作为交互项进行分析。

尽管这一数据能够反映气候冲击对人口婚育行为变化的影响，但不能反映气候冲击对人口婚育行为变化的影响机制，因此，本书还使用了另一类包含调查人口完整生命周期的长面板数据，这一数据包含从 1789 年到 1909 年完整反映调查人口生命周期中发生气候冲击以及结婚、生育、死亡等具体事件的情况。本书利用这一长面板数据研究了气候冲击对人口婚育行为的影响路径，相关统计描述在表 5.1 面板 B 给出。

本书使用的因变量包括描述生育水平的家庭总和生育水平、家庭新生男婴数量、家庭新生儿死亡率以及家庭未成年子女死亡率，以及描述家庭生育控制水平的初次婚育年龄以及生育间隔。

总和生育水平是个体生育子女数，不仅包含了活到成年的子女，也包含了在成年之前夭折的子女。初婚年龄以及初次生育年龄均为根据相邻两次记录推断出的年龄，若个体在记录中的婚姻状态首次由未婚变更为已婚，则认为他（她）在本次记录与前次记录之间初次结婚；若个体在记录中子女个数首次大于等于 1，则认为他（她）在本次记录与前次记录之间初次生育。这样的推断无法回避两个问题：第一，若个体的第一名子女在两次记录之间出生并夭折，根据本书的推断，该个体的生育情况仍然为未生育；第二，在人丁户口册中，存在着大量遗漏的未成年个体和女性个体，这可能造成估算生育水平以及个体初次生育年龄的误差。

需要注意的是，清代盛京地区每三年进行一次人丁户口调查，个体的出生、死亡以及婚育的年龄是通过相邻两次调查的对比推断出来的，并非准确的年龄。例如，若某个样本在本次户口册调查中登记为未婚，而在下次户口册调查中登记为已婚，则认为该样本在两次调查年份中间结婚，其结婚年龄则应介于本次调查时的年龄以及下次调查时的年龄之间。为简化分析过程，在这里，个体事件如结婚、生育以及死亡发生的年龄被认为是本次调查的年龄加 2 年。这可能会造成一定的误差。

在考察气候冲击对人口婚育行为的影响时，除将个体健康水平、个体性别、个体的社会地位等变量纳入研究以外，同样也考虑到了家庭对个体婚育行为的影响。根据坎贝尔和李（Campbell and Lee，2011）的研究，父亲以及祖父是否在世，对个体的生育水平同样也存在着影响。因此，本书将父亲是否在世，以及父亲去世时个体的年龄同样纳入研究。在中国传统社会中，族作为基础的社会组织在日常生活中发挥了巨大的作用，除了具有提供公共品及公共服务，能够抵御部分的外来风险的功能以外，宗族内部还可能存在着有意识的人口控制，族长会影响族内个体的结婚、生育等行为，因此，本书同样将个人在家族中与族长的亲缘关系进行了量化：如果个体为族长本人，则亲缘关系变量取值为 0；若个体是族长的直系亲属，则亲缘关系变量取值为 1；与族长的亲缘关系每增加一代或一位直系亲属，亲缘关系变量取值加 1。

面板 A 共包含了 32 025 个家庭 1852—1889 年共 128 529 条人口登记记录，其中发生在气候冲击低发期（1852—1870 年）的人口记录占比为 50. 7%，发生在气候冲击高发期（1871—1889 年）的记录占 49. 3%。面板 B 包含了 9 712 位男性的完整生命周期数据；由于女性数据的缺失，其中仅有 3 289 位男性匹配了完整的配偶信息。主要变量的描述性统计结果如表 5. 1 所示。

表 5.1 描述性统计结果

变量	样本量	均值	标准差	最小值	最大值
面板 A					
儿子数量	128 529	1.15	1.22	0	13
新生儿数量	128 529	0.24	0.56	0	7
死亡风险	128 529	0.05	0.22	0	1
儿童死亡率	84 252	0.01	0.10	0	1
性别比例	84 252	0.06	0.19	0	1
新生儿性别比例	25 070	0.03	0.17	0	1
水灾冲击地区 × 水灾高发时期	128 529	0.44	0.50	0	1
水灾冲击地区 × 水灾发生年	128 529	0.27	0.45	0	1
水灾冲击地区（是=1）	128 529	0.87	0.33	0	1
水灾高发期（是=1）	128 529	0.49	0.50	0	1
水灾发生年（是=1）	128 529	0.31	0.46	0	1
父亲在世（是=1）	128 529	0.35	0.48	1	84
家庭中男性年龄	128 529	39.34	15.02	1	2
妻子数量	128 529	1.00	0.01	0	1
与族长关系	128 529	1.51	1.39	0	9
面板 B					
生育水平	9 712	2.08	1.45	0	12
儿子数量	9 712	1.85	1.27	0	11
初婚年龄	9 712	19.80	7.31	3	65
初育年龄	9 712	26.48	9.12	6	67
受到气候冲击（1=是）	9 712	0.82	0.39	0	1
15 岁前受到气候冲击（1=是）	9 712	0.25	0.44	0	1

续表

变量	样本量	均值	标准差	最小值	最大值
死亡年龄	9 712	54.17	15.96	3	98
妻子数量	9 712	1.00	0.03	1	2
有职位（1=是）	9 712	0.05	0.21	0	1
父亲死亡年龄	9 712	27.84	13.02	1	82
家庭中有官职人数	9 712	0.46	1.06	0	11
金川重建气温	9 712	-0.52	0.35	-1.00	0.10
出生年份	9 712	1 822.00	22.69	1 789	1 889
父亲受到水患冲击（1=是）	9 712	0.37	0.48	0	1
祖父受到水患冲击（1=是）	8 457	0.15	0.35	0	1
与妻子年龄差距	3 289	0.70	4.98	-36	32

5.3 基准模型和估计结果

5.3.1 基准模型设定

为准确估计气候冲击对人口生育行为的影响，排除因政府治理能力下降、地区文化差异等因素造成的人口生育行为的变化，本书首先在回归中加入交互项，比较在受气候冲击影响时期前后受冲击地区与未受冲击地区人口生育行为的变化，进而揭示气候冲击对人口生育行为的净影响。实证模型设定如下：

$$\Delta fertility\_behavior_{it} = \alpha + \beta_1 Region_i + \sum_{t=t_1,t_2,\cdots,t_s} \beta_t climate\_shock_t + \sum_{t=t_1,t_2,\cdots,t_s} \delta_t (Region_i \times climate\_shock_t) + \gamma X + \varepsilon_{it}$$

其中，$\Delta fertility\_behavior_{it}$ 表示第 i 个地区在 t 时期内的生育行为变化；

$Region_i$ 为地区虚拟变量，表示第 i 个地区是否为气候冲击受影响地区，若该地区受到气候冲击影响，那么 $Region_i$ 为 1，否则为 0；$climate\_shock_t$ 为时间虚拟变量，用来表示 t 时期是否为气候冲击高发时期，如果是气候冲击高发时期，则 $climate\_shock_t$ 为 1，其他时期 $climate\_shock_t$ 为 0；$Region_i \times climate\_shock_t$ 为地区虚拟变量与时间虚拟变量的交互项，其系数 δ_t 为交互项估计系数，用来识别气候冲击对人口生育行为的净影响；X 为一系列可能影响人口行为的相关控制变量，包括观测男性的寿命、妻子数量、父亲死亡时个体的年龄、是否具有官职、与族长的亲缘关系，出生年代以及地区控制变量等。ε 为随机扰动项。

由于户口记录中大量女性缺失，且新生女婴的记录相对不完全，本节在回归分析中只保留家庭中男童的数量和新生男婴的数量进行分析，家庭中的生育数量也用男童数量进行衡量。

5.3.2 基础回归结果

表 5.2 给出了使用交互项模型的 OLS 回归结果，其中，表 5.2 第（1）（2）列为未加入控制变量进行回归的结果，表 5.2 第（3）（4）列为加入控制变量的回归结果。结果表明，家庭中男童数量与 3 岁以下幼儿数量受到了气候冲击的负面影响。在加入控制变量排除了个体社会地位、年龄等可能影响生育水平的误差之后，气候冲击导致家庭中男童数量较未受冲击家庭显著减少 0.07 人，新出生幼童数量也会减少 0.015 人。

表 5.2 气候冲击与家庭生育数量

变量	(1) 生育数量	(2) 新生男婴数量	(3) 生育数量	(4) 新生男婴
气候冲击地区 × 冲击高发时期	-0.039** (0.023)	-0.012 (0.009)	-0.065* (0.020)	-0.015* (0.009)
气候冲击地区	-0.126* (0.015)	0.005 (0.006)	-0.104* (0.014)	-0.006 (0.006)

续表

变量	(1) 生育数量	(2) 新生男婴数量	(3) 生育数量	(4) 新生男婴
气候冲击高发时期	0.016 (0.021)	0.012 (0.009)	0.016 (0.019)	0.008 (0.008)
年龄	— —	— —	0.035*** (0.000)	-0.009*** (0.000)
妻子数量	— —	— —	0.795*** (0.280)	-0.005 (0.121)
与族长关系	— —	— —	-0.005* (0.003)	0.003** (0.001)
父亲是否在世	— —	— —	-0.073*** (0.008)	0.038*** (0.004)
是否有官职	— —	— —	1.470*** (0.022)	-0.020** (0.009)
常数项	1.132*** (0.014)	0.202*** (0.006)	-1.039*** (0.281)	0.535*** (0.121)
样本量	128 529	128 529	128 529	128 529
R^2	0.001	0.005	0.196	0.076

注：括号内为标准误；*** $p<0.01$，** $p<0.05$，* $p<0.1$。

这一结果反映出家庭规模会由于外来冲击的影响而缩小。根据马尔萨斯的理论，气候冲击导致人口生育水平与家庭规模下降的原因主要是人口死亡率的上升；而有大量学者认为，中国传统农业社会为应对风险已经开始使用生育控制手段。为验证家庭规模的缩小是否由死亡率升高导致，接下来本书使用观测人口死亡风险的变量以及观测家庭生育控制手段的变量进行交互项回归。其中，衡量观测人口死亡风险的变量包括家庭中成年人在气候冲击前后的死亡风险和家庭中未成年子女死亡率。考虑到由于人口登记缺失造成的偏误，本节还将潜在的儿童死亡纳入考察范围，即认为那些出现在本次户口登记，而未出现在下次及以后户口登记的儿童已经死亡。衡量家庭生育控制手段的变量包括家庭男性的初次婚育年龄和家庭子女的性别比例。回归结果如表 5.3 所示。

表 5.3　气候冲击与死亡风险

变量	(1) 成人死亡率	(2) 儿童死亡率	(3) 潜在儿童死亡率	(4) 女童比例
气候冲击地区 × 气候冲击高发时期	0.000 (0.004)	-0.002 (0.002)	-0.056*** (0.011)	-0.024*** (0.004)
气候冲击地区	-0.001 (0.002)	-0.000 (0.001)	0.006 (0.008)	0.023*** (0.003)
气候冲击高发时期	-0.007** (0.003)	-0.000 (0.002)	-0.025** (0.011)	-0.010*** (0.004)
控制变量	是	是	是	是
常数项	-0.001 (0.050)	0.051** (0.026)	1.002*** (0.116)	0.017*** (0.004)
样本量	128529	84252	51834	84252
R^2	0.027	0.007	0.028	0.076

注：(1) 模型 (1) 到模型 (4) 的控制变量包括家庭中已婚男性的年龄、妻子数量、与族长的亲缘关系、父亲是否在世以及是否拥有官职。

(2) 括号内为标准误；*** $p<0.01$，** $p<0.05$，* $p<0.1$。

从回归结果即表 5.3 第 (1) 至 (3) 列中可以看出，成人死亡率以及儿童死亡率并未因为气候冲击的影响而升高，将缺失值造成的偏误纳入考虑范围后，甚至出现了儿童死亡率的显著降低。这表明，盛京地区的气候冲击并未造成人口的大量死亡，生育数量的减少可能并非由外来冲击的

“现实性抑制”导致。但对比表 5.3 第（4）列的回归结果，在已登记儿童死亡数量没有明显上升的情况下，家庭中女童比例出现明显降低。考虑到户口册数据仅能反映“已登记在册”儿童数量的变化，家庭中女童比例的降低可能意味着女童在登入户口册之前就已经死亡。考虑到清中后期并不存在性别选择性流产，这一结果可能说明了资源紧缺时期溺杀女婴以及弃养女婴行为的存在。同样值得注意的是，在气候冲击高发期，无论是否受到冲击，女童的比例都出现了下降。这可能是因为气候高发时期户籍登记的不及时或疏漏导致女童户口登记的进一步减少。后文将讨论盛京地区的性别选择问题。

表 5.3 的回归结果表明，气候冲击所导致的生育水平的下降可能并非来自死亡率的上升，这一回归结果对马尔萨斯的“现实性抑制”理论提出了质疑。那么，气候冲击引起的生育水平的下降是如何发生的呢？本章第 5.5 节将对此进行详细讨论。

5.4　双重差分模型与平稳性检验

在上一节的回归分析中，尽管通过加入交互项初步证明了受气候冲击地区在气候冲击高发时期会出现明显的生育水平下降，但在样本选择上，气候冲击高发期的时间段相对较长，且受灾地区在不断发生变化，反复出现的冲击可能会影响结果的准确性，即这一回归分析的结果无法完全说明气候冲击确实造成了家庭生育模式的变化。因此，接下来本节将截取同治十二年（1873 年）发生的特大水灾再次进行分析。选择此次水灾的原因有二：第一，1873 年之前最近的一次严重或特大水灾发生在 1841 年，而之后最近的一次严重或特大水灾发生在 1879 年，选择 1873 年特大水灾进行分析，在一定程度上避免了反复出现的气候冲击对结果造成的影响；第二，1873 年的特大水灾主要发生在辽河干流区、浑河水系和辽东半岛诸河，人口数据库中有人口记录的铁岭、锦州和巨流河厅等地未受影响，且这三地在 1873 年水灾发生的前后六年均无水患发生，而辽东半岛诸河流域的盖州、复州、岫岩等地除 1873 年水灾外，在 1873 年前后六年也无水患发生。选取这一特殊时期和以上提及的特定地点再次进行分析，能够尽量减少长期多次灾害冲击对回归结果带来的影响。

首先，比较 1873 年未受水患冲击的铁岭、锦州、巨流河厅以及受到水患冲击的盖州、复州、岫岩六个地区家庭的平均生育数量及生育数量的变化趋势。变化趋势见图 5.1。从图 5.1 可以明显看出，1873 年之前，冲击地区的生育数量明显高于未受到冲击的地区，但从 1876 年开始，受到气候冲击影响地区的生育数量就开始低于未受冲击地区。考虑到多世代人口数据库每三年进行一次户口统计的事实，1876 年起的生育数量趋势变化可能恰好反映了气候冲击带来的对生育决策的影响。

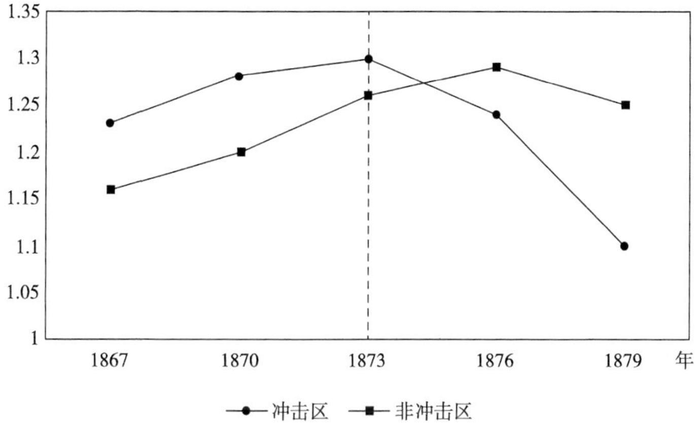

图 5.1　1873 年前后生育数量变动趋势

为进一步对上一节的回归结果进行讨论，本节将双重差分模型引入回归分析。回归模型与基准模型相似，但缩短了讨论的时期和地区，回归模型如下：

$$\Delta fertility\_num_{it} = \alpha + \delta_t(Region_i \times 1873\_shock_i) + \beta_1 Region_i + \beta_2 1873\_shock_i + \gamma X + \varepsilon_{it}$$

其中，$\Delta fertility\_num_i$ 代表 i 地区生育数量的变化，由于截取时间较短，样本婚育年龄的数据不足，在双重差分模型中，本书只讨论生育水平和新生男婴以及死亡率的变化；$Region_i$ 与基准模型定义相同，如果地区为盖州、复州、岫岩，则 $Region_i = 1$；1873_shock_i 为时间虚拟变量，$1873\_shock_i = 0$ 代表1867年到1873年严重水患发生之前的时期，该变量为1代表1873年水患发生后到1876年这一时期；$Region_i \times 1873\_shock_i$ 为地区虚拟变量与时间虚拟变量的交互项，其系数 δ_t 为DID估计系数，用来识别气候冲击对人口生育行为的净影响；X 和 ε 与基准模型定义基本相同，但截取短期特定地区样本后，显示全部家庭均为一夫一妻制，此处去掉了妻子数量这一控制变量。双重差分回归分析的结果如表5.4所示。

表5.4　1873年前后特定地区双重差分回归结果

变量	(1) 男童数量	(2) 新生男婴数量	(3) 死亡风险
受冲击地区 × 1873年严重水灾	-0.098^{**} (0.040)	-0.057^{***} (0.017)	-0.234 (0.171)
受冲击地区（是=1）	-0.119^{***} (0.030)	-0.024^{*} (0.013)	0.096^{***} (0.013)
1873年严重水灾后期（是=1）	-0.024 (0.025)	-0.055^{***} (0.011)	0.086 (0.078)
是否拥有官职	0.445^{***} (0.078)	-0.025 (0.032)	0.159^{***} (0.033)
年龄	0.029^{***} (0.001)	-0.008^{***} (0.000)	0.000 (0.000)
父亲在世（是=1）	0.002^{**} (0.001)	0.000 (0.000)	0.000 (0.000)
与族长关系	-0.022^{***} (0.007)	0.005^{*} (0.003)	-0.002 (0.003)
常数项	-0.077^{**} (0.037)	0.544^{***} (0.015)	0.636^{***} (0.015)

续表

变量	(1) 男童数量	(2) 新生男婴数量	(3) 死亡风险
样本量	13101	13101	13101
R^2	0.149	0.066	0.018

注：括号内为标准误；*** $p<0.01$，** $p<0.05$，* $p<0.1$。

从前面图5.1中可以看出，无论是否受到冲击，在1876年以后，各个地区均出现了生育数量的下降。为进一步验证双重差分回归的可信性，本节控制了可能存在的趋势差异，加入时间趋势进行检验。加入时间趋势之后的回归方程如下：

$$\Delta fertility\_num_{it} = \alpha + \delta_t(Region_i \times 1873\_shock_t) + \beta_1 Region_i + \tau YEAR + \gamma X + \varepsilon_{it}$$

回归结果如表5.5所示。

表5.5 加入时间趋势后的双重差分回归

变量	(1) 男童数量	(2) 新生男婴数量	(3) 死亡风险
受冲击地区 × 1873年严重水灾	−0.120*** (0.040)	−0.062*** (0.017)	−0.255 (0.172)
受冲击地区（是=1）	−0.055 (0.095)	−0.176*** (0.040)	0.0733 (0.139)
1873年严重水灾后期（是=1）	−0.021 (0.025)	−0.053*** (0.011)	0.080*** (0.010)
控制变量	是	是	是
样本量	13 101	13 101	13 101
R^2	0.147	0.067	0.035
地区数量	6	6	6

注：(1) 该回归中使用的控制变量与上一个回归相同。

(2) 括号内为标准误；*** $p<0.01$，** $p<0.05$，* $p<0.1$。

从加入时间趋势的双重差分回归分析结果可以看出，控制了可能存在的趋势差异之后，结果依然与未控制时间趋势的双重差分回归时相似，且依然显著。这说明，在这里使用双重差分进行回归所得到的结果是可信的，进一步证明了5.3节使用长时期、多地区所得结果的合理性，即气候冲击带来了生育水平的降低，但生育水平的降低并非是由死亡率升高导致的。

5.5 家庭内部的生育控制：来自完整生命周期的回归结果

尽管前面采用的短面板数据证明了气候冲击可能导致生育水平的降低，且5.3节的分析认为这一现象可能是家庭内部在面临冲击时进行了有意识的人口控制造成的，但由于人口数据记录的不连续性以及儿童数据的缺失，本书估计的结果可能存在着一定的偏误。因此，本书使用包括观测样本完整生命周期的长面板数据再次进行分析，在分析中明确了气候冲击在观测个体生命周期中发生的时间，以观察气候冲击对个体生育水平的影响路径。

前文结果显示，气候冲击所带来的人口生育水平下降可能是由于家庭进行了有意识的人口控制。那么，冲击发生的时间不同，对人口生育行为的影响也应存在差异。因此，本节将气候冲击发生的时间进行区分，研究15岁前遭遇气候冲击、生育期（25~55岁）内遭受气候冲击以及在婚前和初次生育前遭受气候冲击对人口生育水平的影响，选择在15岁前遭遇气候冲击的主要原因是大部分样本在15岁前都未婚且未进入生育期；而根据李楠和甄茂生（2015）的研究，25~55岁一般为人口的生育高峰期。由于包括样本完整生命周期的长面板数据时间跨度较长，涵盖了从1789年到1889年共100年的数据，为排除政府执政能力的持续下降对人口生育行为带来的影响，以及中央及地方政府可能采取的救灾手段对人口生育行为造成的影响，在回归中本书控制了年代和地区的固定效应。回归结果如表5.6所示。

表 5.6　气候冲击时间与生育水平

变量	(1)	(2)	(3)	(4)	(5)	(6)	(7)
	全样本回归			子样本回归			
受到气候冲击	0.062 (0.044)	—	—	—	—	—	—
15 岁以前受到气候冲击	—	−0.102*** (0.033)	—	−0.128*** (0.034)	—	—	—
生育期受到气候冲击	—	—	0.011 (0.041)	—	−0.046 (0.046)	—	—
婚前受到气候冲击	—	—	—	—	—	−0.040 (0.045)	—
初次生育前受到气候冲击	—	—	—	—	—	—	−0.075* (0.042)
控制固定效应	是	是	是	是	是	是	是
常数项	0.240 (1.999)	−0.834 (2.034)	0.380 (1.998)	−0.526 (2.416)	1.622 (2.344)	1.287 (2.385)	0.873 (2.387)
样本量	9 712	9 712	9 712	7 945	7 945	7 945	7 945
R^2	0.153	0.153	0.152	0.149	0.148	0.148	0.148

注：(1) 在模型 (1) 至 (7) 中使用的控制变量包括妻子数量、生存时间、社会身份（是否有官职）、家庭中有官职男性人数、与族长亲缘关系、盛京地区重建的气温以及出生年份和地区的固定效应。

(2) 模型 (1) 至 (3) 使用了全样本进行回归，模型 (4) 至 (7) 使用了受到气候冲击的子样本进行回归。

(3) 本书同样使用儿子数量替代生育水平进行了回归，结果与使用生育水平一致，由于篇幅限制，此处没有报告使用儿子数量作为被解释变量的回归结果。

(4) 为排除在 15 岁前以及生育期间均受到了气候冲击影响对回归结果的干扰，本书使用了仅在 15 岁以前受到气候冲击以及仅在生育期间受到气候冲击的子样本进行回归，回归结果与使用全样本的结果一致。由于篇幅限制，此处没有报告这一结果。

(5) 括号内为标准误；*** $p<0.01$，** $p<0.05$，* $p<0.1$。

表5.6第（1）至（3）列的结果表明，气候冲击发生的时点不同，对个体生育行为的影响明显不同：气候冲击发生在成年期以前能够明显降低生育水平，但发生在其他时期的气候冲击对生育水平不存在明显的影响。表5.6第（4）至（7）列子样本回归的结果进一步表明，尽管在成年前、婚前、初次生育前以及生育期间受到气候冲击影响均可能造成生育水平的降低，但仅有发生在成年期以前和发生在初次生育前的气候冲击造成了生育水平的显著下降。这一差异进一步说明了气候冲击可能并非直接通过流产率和死亡率上升降低生育水平，而可能是通过促进家庭内部的生育控制达到的。

为了更直接验证气候冲击是否促进了家庭内部的生育控制，本书控制了气候冲击发生的时点，将样本划分为在15岁前受到气候冲击的个体和在生育期前受到气候冲击的个体，将人口的婚育时间、家庭子女性别比例以及个体寿命再次进行了回归，回归结果见表5.7。表5.7的第（1）到（4）列使用了全样本进行回归。为排除在生命周期中多次受到气候冲击对生育数量的影响，在第（5）到（6）列保留了仅在15岁前或生育期前受到气候冲击的子样本。另外，第（3）到（6）列使用的因变量均为男孩比例。

表5.7　完整生命周期：气候冲击与生育控制手段

	（1）	（2）	（3）	（4）	（5）	（6）
	初婚年龄	初育年龄	男孩比例	男孩比例	男孩比例	男孩比例
变量	全样本回归				子样本回归	
15岁前受到气候冲击	0.315* （0.172）	0.368* （0.211）	0.015*** （0.005）	—	0.010* （0.006）	—
生育期受到气候冲击	—	—	—	0.012** （0.006）	—	0.004 （0.007）
控制变量	是	是	是	是	是	是
常数项	123.143*** （10.695）	173.579*** （13.090）	-1.939*** （0.289）	-2.097*** （0.284）	-1.708*** （0.328）	-2.357*** （0.359）

续表

	(1)	(2)	(3)	(4)	(5)	(6)
	初婚年龄	初育年龄	男孩比例	男孩比例	男孩比例	男孩比例
变量	全样本回归				子样本回归	
样本量	9 712	9 712	9 315	9 315	7 080	6 959
R^2	0.075	0.109	0.189	0.188	0.203	0.190

注：(1) 模型 (1) 至 (2) 中使用的控制变量包括生存时间、社会身份（是否有官职）、家庭中有官职男性人数、与族长亲缘关系、重建气温以及出生年份和地区的固定效应；模型 (3) 至 (6) 中使用的控制变量包括妻子数量、生存时间、社会身份（是否有官职）、家庭中有官职男性人数、与族长亲缘关系、重建气温以及出生年份和地区的固定效应；模型 (7) 使用的控制变量未包括生存时间。

(2) 第 (1) 和 (2) 列使用全样本进行回归的原因在于本书认为，婚育后发生的气候冲击不会对婚育时间造成影响。

(3) 括号内为标准误；*** $p<0.01$，** $p<0.05$，* $p<0.1$。

由表 5.7 第 (1) 列和第 (2) 列的回归结果可以发现，15 岁之前受到气候冲击明显地造成婚育时间的后延；而表 5.7 第 (3) 和第 (5) 列的回归结果表明，15 岁之前受到气候冲击同样造成子女中男孩比例的显著上升，且在排除受到多次气候冲击样本的影响后，这一结果依然显著。但对比表 5.7 第 (4) 列和第 (6) 列的结果可以发现，排除受到多次气候冲击的样本之后，在生育期内受到气候冲击也导致家庭男孩比例上升。这一结果说明，家庭内部的性别选择可能是有意识的行为。但考虑到女婴记录的缺失，下一节本书会进一步讨论生育控制的手段问题。

5.6 生育控制的机制：性别选择还是延后婚育

以上所述气候冲击对生育行为影响的分析结果表明，无论是利用双重差分模型对气候冲击的影响进行识别，还是利用气候冲击发生的时点对其影响进行识别，都证明了气候冲击并未对盛京地区人口的死亡风险产生明显的影响。但气候冲击确实显著地促进了生育水平的下降，尤其是那些成年之前遭受冲击的人口，这主要是由于气候冲击造成了婚育时间的延迟。

但是，该发现背后的动机为何？李中清和康文林等人提出的一个假设是，气候冲击促进了性别选择性生育，女性的大量死亡导致性别结构的失衡，适龄女性的缺失导致男性婚育年龄的推迟，并最终导致生育水平的下降；另一种可能是，气候冲击直接促进了推迟婚育等生育控制行为的产生，最终导致生育水平的下降。本节对延迟婚育年龄背后的机制进行考察。

由于人口数据中存在着大量的未婚女性缺失值，本书很难直接考察女性的初婚年龄以及未婚女性具体的死亡时间。但如果适龄女性的缺失造成了性别结构的变化，并最终造成男性婚育年龄的推迟，这意味着男性可能会同年龄较小的女性结婚。本书观察到这部分家庭中夫妻年龄差的增加，因此，本节使用夫妻年龄差距作为考察家庭性别结构的替代变量。同时，考虑到在中国传统农业社会中家庭尤其是父辈对婚姻决策的决定性影响，本书将父辈与祖父是否受到气候冲击引入研究。本节在考察中，为尽量避免气候冲击对观测个体健康水平的影响，保留了个体本身未遭受气候冲击，而父亲或祖父曾受到气候冲击的观测个体。回归结果见表 5.8。

从表 5.8 可以看出，无论是成年前遭受洪水冲击还是父辈遭受洪水冲击，均没有引起家庭中夫妻年龄结构的明显变化，这一结果说明婚育时间的推迟并不是由于女性大量死亡所导致的性别结构失衡造成的；而表 5.8 第（3）至（6）列的结果表明，即使个体本身并未受到气候冲击的影响，其父亲与祖父受到气候冲击的影响也会显著地推迟个体的初婚时间和初育时间。这说明气候冲击的影响在家庭中长期存在，且会通过亲代关系影响下一代的婚育行为。对比表 5.8 第（2）列的回归结果和表 5.8 第（3）（4）列的回归结果，可以发现气候冲击并未通过夫妻年龄结构变化导致婚育时间的推迟，更可能是家庭生育决策影响了人口的生育水平。

表 5.8　生育控制的机制检验

变量	（1） 夫妻年龄差距	（2） 夫妻年龄差距	（3） 初婚年龄	（4） 初育年龄	（5） 初婚年龄	（6） 初育年龄
15 岁前遭遇气候冲击	-0.127 （0.206）	—	—	—	—	—

续表

变量	(1) 夫妻年龄差距	(2) 夫妻年龄差距	(3) 初婚年龄	(4) 初育年龄	(5) 初婚年龄	(6) 初育年龄
父亲受到气候冲击	—	0.286 (0.218)	0.828*** (0.197)	0.454* (0.240)	—	—
祖父受到气候冲击	—	—	—	—	0.626** (0.287)	0.475 (0.354)
控制变量	是	是	是	是	是	是
常数项	40.543*** (14.242)	58.581*** (17.161)	99.143*** (12.766)	123.335*** (15.572)	110.781*** (13.740)	142.174*** (16.965)
样本量	3 289	2 511	7 245	7 245	6 154	6 154
R^2	0.080	0.081	0.067	0.087	0.067	0.084

注：(1) 由于女性样本的缺失，仅有 3 289 个样本匹配了妻子的完整数据。

(2) 模型 (2) 至 (6) 为排除气候冲击对个体健康情况的影响对回归结果可能造成的偏误，本书仅保留了父代和祖父受到气候冲击，而个体本身未受到气候冲击的样本。

(3) 模型 (1) 和模型 (2) 中使用的样本中不包含一夫多妻的情况。

(4) 模型 (1) 至 (6) 使用的控制变量包括个体存活时间、父亲存活时间、是否具有官职、家庭中有官职人数、与族长亲缘关系和金川重建气温以及出生年份和地区的固定效应。

(5) 括号内为标准误；*** $p<0.01$，** $p<0.05$，* $p<0.1$。

5.7　结语

本章研究结果发现，气候冲击确实造成了中国传统社会生育水平的降低，但盛京地区的微观人口数据证明，气候冲击并不会造成人口死亡率的明显上升。换言之，盛京地区的气候冲击并未造成这一地区人口增长的“现实性抑制”。本章对气候冲击与婚育时间之间关系的研究表明，气候冲击主要导致受影响人口生育时间的延后，进而导致生育水平的下降。

即使排除了地区之间文化、是否荒政乃至经济水平等的差异，气候冲击仍然造成了生育水平的下降，这一差异并非由死亡率上升造成的。在婚前受到气候冲击影响的人，由于婚育时间的推迟通常会生育更少的子女，而在婚育期间受到气候冲击的人并没有减少生育的倾向。对抑制生育机制的进一步研究发现，性别选择导致的性别结构失衡不是婚育时间推迟的原因，婚育推迟更可能是家庭面对危机的主动选择。此外，根据定宜庄等的田野调查，东北地区溺杀女婴的猜测也许并不成立（定宜庄等，2004）。但由于女性数据的大量缺失，这一结论还有待进一步讨论。

本章的研究证明，尽管清中后期频繁发生的气候冲击确实对人口的婚育行为造成了影响，但这一影响并非“现实性抑制”的结果，而更多地体现为家庭“预防性控制”机制的存在以及这一机制的有效性。

6　气候冲击下的基础社会组织：族与族内生育控制

对于家庭人口规模下降以及家庭内部的生育控制现象，已有的研究提出了两个方面的解释。

一是家庭内部存在有意识的生育控制，李和王（Lee and Wang，1999）发现，中国传统社会存在着避孕和人工流产等人工控制生育的事实，也存在着大量溺婴，特别是溺杀女婴的证据。有性别选择的杀婴行为能够通过改变社会年龄性别结构对长期的生育结果产生影响。本书上一章已经利用微观人口数据证明中国传统社会中确实存在有意识的生育控制，但生育控制的主要实现途径是通过延后婚育年龄，而非性别选择。

二是宗族制度导致的生育控制。李和王（Lee and Wang，1999）认为，宗族制度在维持清代以来的较低人口生育率中扮演了重要的角色。宗族的家长对所有家庭成员拥有绝对的权威，甚至能够决定家庭成员的婚姻、生育甚至死亡。但这两方面的解释都将传统社会中的家庭视为相对静态和稳定的结构。李楠和甄茂生（2015）利用浙江阚氏族谱及分家契约文书证明了分家析产会影响人口的生育水平，证明了分家能够通过改变家庭财富分配，进而影响生育行为。但这一研究主要针对父母与子女组成的核心家庭以及同一父母所出已婚兄弟组成的复合家庭，未能将宗族组织对生育的影响考虑在内。

尽管以上研究能够对近代中国的低生育率提供解释，但它们都未能将家庭和家族行为视作动态行为。特别是在中国传统社会中，家族作为基本的社会组织，在应对外部危机与内部矛盾时都发挥了重要作用，而宗族制度又与财产继承和家庭婚育行为有着密切联系。基于此，本章首先分析族的特征对其内部家庭生育决策的影响，进而试图将家庭外部冲击与家族行为和婚育行为联系起来，考察当受到外部冲击时，族是否会采取某些手段如减少分族来抵抗风险，以及族的应对手段是否会对其内部的家庭之生育行为产生影响。

6.1 清代盛京的基础社会组织与家族聚集模式——族

6.1.1 八旗制度下的家庭聚集模式——族

满族早期的社会组织，是血缘组织和地缘组织的集合。明代女真诸部在发展初期是由血缘组织承担基本的社会组织功能的，后来又演化为较小的血缘组织穆昆（满语作 mukun，即同一祖先血族内的分支，译作“氏”）。随着氏族社会的解体，满族穆昆组织开始向两个方向演化：一方面逐渐建构起部落或国家等更大的社会组织，另一方面在其内部分化出更小的血缘组织乌克孙（满语作 uksun），成为其成员进行生产生活的基本社会组织单位。

在《清太祖朝老满文原档》以及康熙朝《清文鉴》中，乌克孙指“同一枝孳生的子孙”，而在清朝官修满汉文本《满洲实录》中，直接将乌克孙译为“族”①，可见乌克孙是比穆昆血缘关系更为密切的近亲集团。在实际生活中，以近亲血缘为纽带的乌克孙和以地缘组织噶栅（满文作 gasan，汉文译作“寨”，即村屯）相互交错在一起。朝鲜《李朝实录》所描述的：“野人散处，或五六户或十余户，或十五余户，屯居不常；各有酋长，酋长欲留，则其下焉往，欲去，则其下亦从之”，这种率领数户，“屯居无常”。《李朝实录》中记载的酋长，即族长。他们是集体生产的组织者、社会生活的管理者，通常也是血缘组织内辈分最高的长老，在族人

① 邵汉明，王建朗编：《南满洲铁道株式会社社史资料汇编（全五十册）》，国家图书馆出版社，2018 年版。

中享有很高的威望。在同一乌克孙之内，存在着家庭。家庭既是家族内的基本生活单位，又是私有财产的所有单位。但在需要集体生产的场合，一个乌克孙以内的各个家庭仍然共享劳动工具，平均分配劳动所得。

八旗制度建立以后，满族社会的行政组织形式打破了过去的血缘组织，但是氏族组织还维持了穆昆的特征。在八旗编设初期，原有的部族被保留了下来，原有部长、族长仍然保持着对下辖族众固有的权威。随着八旗制度的发展，行政组织逐渐成熟，形成了类似汉族的郡县制度。以穆昆形态延续下来的血缘组织仍然承担着具体的社会功能，实际上演变为与汉族宗族类似的民间社会组织。

在内务府下辖人丁户口册的记录中，1789 年以前将几个家庭的组合即“一户”视为一族，将“一户”的首领视为“族长”，而在 1789 年以后，“族”成为管理“领户”下家庭的正式行政单位。1789 年后旗人的组织系统可以表示为：旗—佐领—族—户。

其中，佐领以上为正式的官方行政组织，“族长的选任和更换均在官方的监督之下……族长需要对族内各户的生产生活等事务负责”（定宜庄等，2004）。“凡涉公私事宜，得与佐领平章赞画”（福格，1984）。族与宗族最为明显的差异在于，宗族之内由于宗法的制约与血缘的亲疏，通常会造成宗族之内各房或各户地位的不平等，而族内各户的关系相对平等。另外，族在血缘和地缘关系之外还带有制度化的色彩。

6.1.2 族的聚集与分化

由于早期氏族的遗留，清代盛京地区家庭聚集模式延续了大家庭共居的传统。家庭成员居于一处，财产共有，“过着‘同居’‘合灶’‘共财’的大家族生活”（赵英兰，2011）。除满人形成的族以外，旗人户口册内还登记了大量由早期关内移民家庭聚集形成的族，这类族主要自咸丰、同治以后弛禁开放东北后出现。早期东北移民出于抵御匪患等需要，选择一个家族或几个家庭同院而居。为了便于管理，清政府将这部分早期东北移民编入旗人户口册进行管理，形成了由早期移民家庭聚集而成的族。

大家庭的聚集模式在清中晚期开始发生变化，分家而治成为一种趋势。根据王跃生（2000）的研究，18 世纪中后期的中国社会，小家庭已经成为当时社会的主流家庭形态。来自家庭外部的生存压力如匪患、战争等以及家庭内部的矛盾、债务问题等促进了家庭的分裂。分家作为中国传统社会最为基本的家庭财产分配方式，会导致家庭财富的重新分配。除了家庭财富的重新分配外，分家析产也导致家庭权力的重新分配。家庭结构的变动导致族内结构与权力分配的变动，坎贝尔和李（Campbell and Lee，2008）通过对辽宁地区 1789 到 1909 年未分立家庭共 3 498 人的研究，分析了未来家长（族长）拥有继承权的可能性：现在家长的儿子继承家长占全部案例的 70.4%，兄弟占 9.0%，孙子占 5.7%。这说明对未分立家庭而言，家庭权力的继承呈现出明显的亲代传承关系。而分家则是家庭中旁支亲族获得新家庭控制权的重要方式。

根据赵英兰（2011）的研究，晚清东北少数民族家庭规模逐渐减小，家庭经济实力与家族势力也发生了扩散。这一现象在牛庄鱼丁户口册中也有所反映：如果一个大家庭由几个核心家庭组成，该家庭可能存在多个族长，但并没有明显的证据表明族长之间存在主次关系。在某些情况下，族内存在着更换族长的可能。但对于族的分化原因以及族长的更替，目前学界仍无更为详尽的研究。

6.1.3 族的功能与族内成员行为

族作为由血缘组织发展出来的社会组织，通过族与族之间以及族内部的合作、冲突、分裂与重组促进了行政组织的发展。族内保留了原始氏族生活的某些特征，比如，在集体劳动时族内各个家庭共享生产资料，并对劳动成果享有平等的分配权。而族长的职责有过问族内成员的婚姻、生育、立嗣、丧葬等事务，以及调解裁断族人内部纠纷等。从提供公共品和公共服务的职能上看，族与传统汉族社会的宗族并无太大分别。

6.2 族与族内成员的婚育行为

根据李楠和甄茂生的研究，分家析产会通过家庭财富产权的重新分配影响家庭成员的生育行为。那么，族的分裂以及族的规模是否也会影响家庭成员的婚育行为？在族分裂之前，较多的家庭共同集聚，是否在提供公共物品和公共服务上能力更强，使得在族分化之前进入生育窗口期的族人更可能在抚育子女时获得集体支持，导致这部分成员有生育多子女的倾向？或者，在族分化之后，独立出去形成新族的核心家庭是否可能面临更为明显的经济约束，新族的家庭成员是否可能会由于不利的经济条件而选择抑制生育或延后生育时间？考虑到族作为基础社会组织所承载地提供公共品的职能，本章考察族的分裂对处于不同生育周期的族成员生育水平的影响。如果分族发生在成员的生育窗口期，那么该成员更可能具有较低的生育水平。

6.2.1 变量的选择和描述性统计

为考虑族的特征如族的延续时间以及族的分裂对家庭生育的影响，使用反映家庭人口变化的微观数据是必要的。首先，本书使用族的规模对其下家庭生育模式的影响进行了考察，背后的逻辑是族的规模可能与族提供公共产品与公共服务的能力相关，而根据李楠和甄茂生（2015）的研究，家庭生育存在着搭便车行为，那么，提供公共产品数量较多的族，其内家庭是否具有更强的生育意愿？其次，本书通过是否分族进一步考察族的特征对其下家庭生育模式的影响，这里的逻辑是一旦发生分族，族内提供公共产品的数量可能发生变动，意味着其内的家庭财富进行了重新分配，那么，由于分族带来的财富冲击是否会引起生育模式的变动？

变量的描述性统计结果如表 6.1 所示。

表 6.1 变量的描述性统计结果

变量名称	样本量	均值	标准差	Min	Max
新生儿数量	261 317	0.0 989	0.304	0	3
初育年龄	52 550	25.81	8.194	3	49
初婚年龄	30 624	21.50	6.498	3	48
族规模高于平均值（是=1）	301 355	0.286	0.452	0	1
族长任期内分族（是=1）	301 355	0.391	0.488	0	1
族长任职时间短（是=1）	301 355	0.586	0.493	0	1
远亲缘关系族长（是=1）	301 355	0.0 791	0.270	0	1
遭受气候冲击（是=1）	301 355	0.0 908	0.287	0	1
男性（是=1）	301 355	0.542	0.498	0	1
父亲在世（是=1）	301 355	0.545	0.498	0	1
与族长关系	301 355	1.681	1.170	0	8

6.2.2 基准模型

为考察族特征对其中家庭行为的影响，首先建立族特征与家庭人口生育行为之间关系的基础模型：

$$fertility_{itj} = \alpha + \beta_1 zu\_type_{it} + \beta_2 flood\_shock_{it} + \beta_3 X_{itj} + YEAR_t + \varepsilon_{itj}$$

其中，$fertility_{itj}$ 为在时期 t 第 i 族的族内个体 j 的生育行为，在回归中本书对样本进行了划分，分别使用了第 i 族内已婚育龄个体本期新生子女数量、族内本期初次结婚个体的年龄和族内本期初次生育个体的年龄进行分析；zu_type_{it} 为 t 时期第 i 族的族类型；$flood\_shock_{it}$ 为 $t-1$ 时期第 i 族是否受到了气候冲击；X_{itj} 为一组与生育水平相关的控制变量，包括个体的父亲是否在世、个体是否为男性，以及和族长的亲缘关系等；$YEAR_t$ 为年份固定效应，ε_{itj} 是随机扰动项。

进一步，为研究族内公共产品的分配对其下家庭生育行为的影响，将族内进行公共品分配时的治理成本引入回归模型。在这里，用两类变量作为治理成本的代理变量：

第一类变量是族长在任时间，根据定宜庄等（2004）的研究，八旗下的族长在位时间相对较长，甚至为终身职位。因此在这里认为族长在任时间越长，族的结构越稳定，族内公共品分配的模式越成熟，治理成本也越低。

第二类变量是族内成员的亲缘关系，由于族是建立在血缘关系上的组织，本书认为族内成员的血缘关系越近，在分配公共产品时越容易达成共识，也就意味着进行公共品分配的治理成本越低，由于族内成员的亲缘关系难以估计，在这里使用族众与族长亲缘关系的均值进行衡量。

为了同时控制治理成本和族特征，本书建立以下交互项模型：

$$fertility_{itj} = \alpha + \beta_1 zu\_type_{it} \times governance\_cost_{it} + \beta_2 zu\_type_{it} + \beta_3 governance\_cost_{it} + \beta_4 flood\_shock_{it} + \beta_5 X_{itj} + YEAR_t + \varepsilon_{itj}$$

其中，$governance\_cost_{it}$ 代表族内公共品分配的治理成本，$zu\_type_{it} \times governance\_cost_{it}$ 为族特征与治理成本的交互项，其他变量的设定与基础模型相同。

6.2.3 基准模型回归结果

使用基准模型进行回归的结果见表 6.2。其中第（1）至（3）列使用了族规模作为族特征的代理变量进行回归，第（4）至（6）列使用了族在 t 时期内是否分族作为族特征的代理变量进行回归。这一回归结果检验的是族提供公共产品数量对族众生育行为的影响。

表 6.2　族类型与族众生育行为

变量	(1) 新生儿数量	(2) 初次结婚年龄	(3) 初次生育年龄	(4) 新生儿数量	(5) 初次结婚年龄	(6) 初次生育年龄
族规模	0.027 * (0.014)	-0.403 *** (0.129)	-0.518 *** (0.153)	—	—	—
分族 (是=1)	—	—	—	-0.015 (0.009)	0.035 (0.109)	0.279 ** (0.126)
父亲在世 (是=1)	-0.181 *** (0.007)	-4.442 *** (0.209)	-5.370 *** (0.224)	-0.180 *** (0.007)	-4.448 *** (0.208)	-5.375 *** (0.222)
与族长关系	-0.064 *** (0.008)	-1.219 *** (0.082)	-1.166 *** (0.067)	-0.065 *** (0.008)	-1.213 *** (0.081)	-1.159 *** (0.067)
男性 (是=1)	-0.045 *** (0.006)	1.668 *** (0.190)	-2.501 *** (0.447)	-0.045 *** (0.006)	1.664 *** (0.188)	-2.497 *** (0.446)
常数项	1.095 *** (0.032)	25.998 *** (0.198)	33.807 *** (0.302)	1.109 *** (0.030)	25.897 *** (0.200)	33.539 *** (0.302)
样本量	258 182	30 947	53 224	258 182	30 947	53 224
R^2	0.015	0.134	0.192	0.015	0.133	0.192

注：括号内为标准误；*** $p<0.01$，** $p<0.05$，* $p<0.1$。

从回归结果中可以看出，规模较大的族，族众的生育水平较高且初婚与初育时间都较早，且回归结果显著；而存在着分族风险的族，族众的初次生育年龄显著低于不存在分族风险的族，且生育水平与初次结婚年龄均稍低于不存在分裂风险的族，但回归结果不显著。这一回归结果是李楠和甄茂生（2015）结论的进一步延伸，即：除了家庭财富影响了家庭生育决策以外，族提供公共产品的能力同样影响了家庭的生育决策，提供公共产品能力越强的族，其下家庭的生育意愿越强。

接下来，讨论族内公共产品的分配对族内人口生育行为的影响。为叙述清晰，本书将规模大、未发生分族的族称为强族，强族意味着提供公共品的能力更强；反之为弱族。使用交互项模型得到的回归结果见表6.3。

从回归结果可以看出，在将族长任职时间作为公共品分配治理成本代理变量的回归中，族长任职时间较短的强族家庭具有明显更低的生育水平。同时，即使治理成本略高时，强族内个体的婚育时间仍然晚于弱族。这一结论说明，为了维持族的规模以及避免族的分裂，在进行公共产品的分配时，族可能更倾向于将公共产品用于教育、生产等其他活动，而非单纯扩大人口规模。

为了进一步验证本书对治理成本近似变量的假设，本书又控制了族特征，并对族长治理年限和亲缘关系与族特征的交互项进行了回归。上一章的结论证明，家庭进行人口控制的手段主要为延后婚育时间，故本节仅对婚育时间与交互项进行回归，回归结果见表6.3第（7）列至第（10）列。可见，在控制了族特征后，族长任职时间较短或与族众亲缘关系较远的族中，家庭初婚年龄以及生育年龄显著较低。这一回归结果证实了随着任职时间的延长以及与族众亲缘关系的紧密，即随着分配公共产品时治理成本的降低，族内成员会面临更为有力的生育控制。使用这两个变量对公共产品分配的治理成本进行估计具有一定的稳健性。

表 6.3　治理成本，族特征与族内成员生育行为

变量	(1) 新生儿数量	(2) 初婚年龄	(3) 初育年龄	(4) 新生儿数量	(5) 初婚年龄	(6) 初育年龄	(7) 初婚年龄	(8) 初育年龄	(9) 初婚年龄	(10) 初育年龄
强族 × 短任职时间	−0. 026** (0. 007)	0. 367* (0. 197)	0. 601** (0. 172)	—	—	—	−0. 130*** (0. 0158)	−0. 087 (0. 325)	—	—
强族 × 远亲缘关系	—	—	—	−0. 005 (0. 069)	0. 474 (0. 340)	0. 437* (0. 179)	—	—	−1. 467*** (0. 226)	−1. 976*** (0. 306)
强族（是=1）	0. 054 (0. 040)	−0. 452 (0. 194)	−0. 755** (0. 218)	0. 037 (0. 044)	−0. 340** (0. 075)	−0. 520** (0. 141)	−0. 167 (0. 150)	−0. 367 (0. 315)	−0. 128 (0. 083)	−0. 236 (0. 123)
族长任职时间 小于 11 年（是=1）	0. 010 (0. 010)	−0. 520** (0. 156)	−0. 723** (0. 203)	—	—	—	—	—	—	—
亲缘关系超过三代（是=1）	—	—	—	−0. 095 (0. 045)	−2. 036*** (0. 163)	−2. 555*** (0. 341)	—	—	—	—
父亲在世（是=1）	−0. 203*** (0. 015)	−5. 019*** (0. 179)	−5. 982*** (0. 219)	−0. 199*** (0. 014)	−4. 915*** (0. 181)	−5. 830*** (0. 234)	−4. 996*** (0. 176)	−5. 947*** (0. 217)	−4. 982*** (0. 180)	−5. 926*** (0. 219)

续表

变量	(1) 新生儿数量	(2) 初婚年龄	(3) 初育年龄	(4) 新生儿数量	(5) 初婚年龄	(6) 初育年龄	(7) 初婚年龄	(8) 初育年龄	(9) 初婚年龄	(10) 初育年龄
男性（是=1）	-0.027**	1.891***	-2.245**	-0.027**	1.910***	-2.227**	1.891***	-2.248**	1.893***	-2.244**
	(0.006)	(0.166)	(0.524)	(0.006)	(0.166)	(0.529)	(0.170)	(0.525)	(0.170)	(0.525)
年份固定效应	-0.003	-0.020**	-0.002	0.153***	-0.013*	0.006	-0.236	-3.649***	-0.189	-3.594***
	(0.002)	(0.004)	(0.010)	(0.012)	(0.004)	(0.010)	(0.263)	(0.317)	(0.255)	(0.319)
常数项	7.405*	60.948***	36.468	7.083*	48.333***	20.717	57.557***	31.780	55.808***	29.709
	(2.987)	(8.295)	(19.219)	(2.884)	(8.184)	(18.347)	(7.592)	(18.967)	(7.290)	(18.846)
样本量	258 182	30 947	53 224	258 182	30 947	53 224	30 947	53 224	30 947	53 224
R^2	0.017	0.106	0.168	0.018	0.110	0.174	0.105	0.167	0.105	0.168

注：括号内为标准误；*** $p<0.01$，** $p<0.05$，* $p<0.1$。

6.3 气候冲击、族的特征与族内生育控制

考虑到外来冲击不仅会直接影响家庭，也会通过影响族的财富水平、聚集模式等间接影响家庭，而族的变动对婚育行为可能会带来影响，本章考察的另一个重点是当外来冲击对族造成影响后，族内成员的婚育行为是否会发生改变？如果族本身行为对其中成员婚育行为存在影响，且这一影响大于外来冲击的直接影响，那么在面临外来冲击时，族应对冲击模式的差异会造成家庭婚育行为的差异。

在第 3 章的理论模型中，本书考虑了族面临外来冲击的情况。在假设中，本书认为族内提供公共资源的能力与族的规模有关，因此，想要维持族的稳定，维持一个较大的人口规模可能是有益的。在实证研究中，本书引入气候冲击作为族面临的重要外来冲击，研究此时不同类型的族在人口控制行为上的变化。

6.3.1 气候冲击与族规模的变动

当发生外来冲击时，是否维持一个更大的族规模有利于族的稳定以及其中家庭共同抵御风险？为验证这一假设，本节利用差分模型，将气候冲击与族规模和分族风险进行了回归，使用差分模型的目的在于尽量避免其他因素如文化差异、政府行为等对族规模产生的影响。使用差分模型能够通过比较未受气候冲击地区与受到气候冲击地区在遭受气候冲击前后的族规模与分族风险，揭示气候冲击对族规模与分族风险的净影响。

具体模型设定如下：

$$\Delta zu\_behavior_{it} = \alpha + \beta_1 flood\_region_i + \sum_{t=n-1}^{n} \beta_2 flood\_time_t + \sum_{t=n-1}^{n} \beta_3 (flood\_time_t \times flood\_region_i) + \beta_4 X + \varepsilon_t$$

其中，$\Delta zu\_behavior_{it}$ 衡量族的规模以及行为变化；$flood\_region_i$ 衡量第 i 个地区是否为气候冲击区域，如果该地区为气候冲击区域，则为 1，否则为

0；$flood\_time_t$ 衡量 t 期是否为气候冲击年份，如果当年发生气候冲击，则 $flood\_time_t$ 为 1，否则为 0；$flood\_time_t \times flood\_region_i$ 为地区虚拟变量与时间虚拟变量的交互项，其系数 β_3 为主要关注变量，衡量了气候冲击对族规模以及族行为的净影响；X 为可能影响族规模以及族行为的一系列控制变量，包括各地区的地理特征、族长在位时间、气候等级、族内具有官职人数多少等等；ε_t 为随机扰动项。

回归结果如表 6.4 所示。从表中可以看出，气候冲击发生后，族的人口规模明显增加，分族行为明显减少。

表 6.4　气候冲击下的族内人口规模与族数量

变量	(1) 族内人口规模	(2) 族数量	(3) 族内家庭数量	(4) 分族风险
气候发生年份 × 气候发生区域	7.217*** (0.837)	-9.980*** (1.080)	0.122 (0.088)	-0.003** (0.002)
气候发生年份	1.031* (0.529)	-0.492 (0.683)	-0.035 (0.056)	0.000 (0.001)
气候冲击区域	4.745*** (0.485)	-14.988*** (0.626)	0.879*** (0.051)	-0.001 (0.001)
控制变量	是	是	是	是
样本量	51 140	51 140	51 140	51 140
R^2	0.007	0.016	0.008	0.000

注：括号内为标准误；*** $p<0.01$，** $p<0.05$，* $p<0.1$。

根据双重差分的回归结果，受到外来冲击的区域比未受到外来冲击的区域分族风险低 0.3%，而族的规模大于 7.22 人。考虑到外来冲击可能增加了受冲击区域的人口死亡风险，族规模的明显增加证明受到外来冲击的区域更倾向于聚集起来抵抗风险，并减缓外来冲击对人口的影响。

6.3.2 族规模与族数量双重差分模型的平稳性检验

与5.4节对基础模型的检验相仿，上一节的回归模型同样存在长时期多地区可能存在多次冲击，导致模型解释力不够的问题。为检验模型的平稳性，本节再次选取1873年严重水灾前后未受水患冲击的铁岭、锦州、巨流河厅以及受到水患冲击的盖州、复州、岫岩这六个地区的族规模和族数量进行短时期、特定地区的检验。图6.1反映了1873年前后6年这6个地区的族内人口规模和族数量的变化情况。

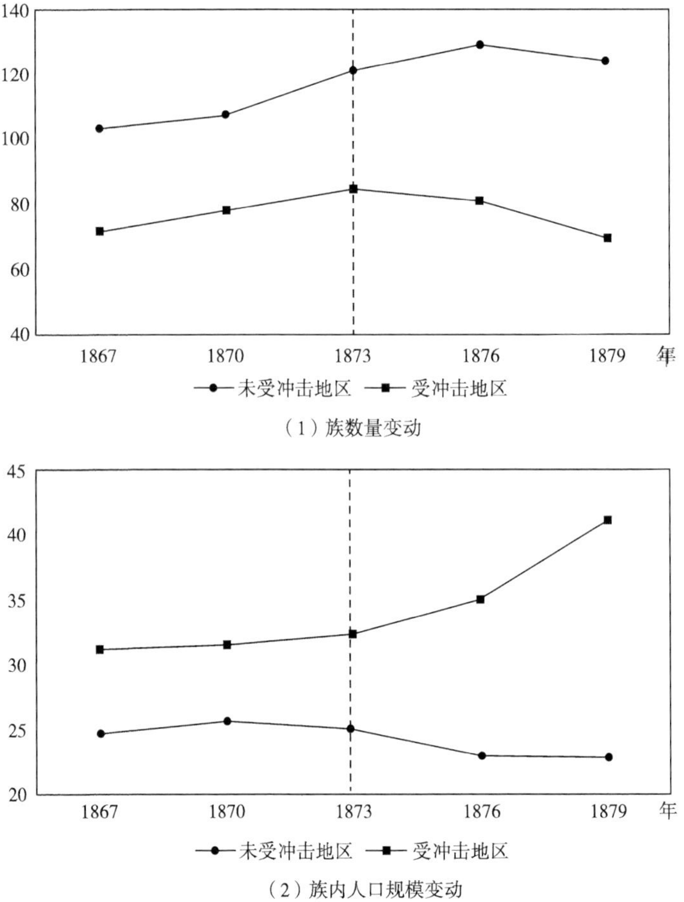

图6.1　1873年前后特定地区族数量和族内人口规模变动

从图 6.1 可以明显看出，尽管未受冲击地区的族数量始终高于受冲击地区，且族内人口规模始终低于受冲击地区，但 1873 年之前，这两项族特征都表现出上升趋势。而 1873 年以后，两个地区的族特征出现了明显的差异性发展：受冲击地区的族数量由之前的上升变为持续下降，而族内人口规模则出现了大幅度的上升；但未受冲击地区的族内人口规模持续下降。

为了进一步对上一节的结论进行验证，这里再次对 1873 年前后这 6 个地区的族特征进行双重差分回归。差分方程如下：

$$\Delta zu\_behavior_{it} = \alpha + \alpha + \delta_t(Region_i \times 1873\_shock_t) + \beta_1 Region_i + \beta_2 1873\_shock_i + \beta_3 X + \varepsilon_t$$

其中，$Region_i$ 与基准模型定义相同，如果地区为盖州、复州、岫岩，则 $Region_i = 1$；1873_shock_i 为时间虚拟变量，$1873\_shock_i = 0$ 代表 1867 年到 1873 年严重水患发生之前的时期，该变量为 1 代表 1873 年水患发生后到 1876 年这一时期；$Region_i \times 1873\_shock_i$ 为地区虚拟变量与时间虚拟变量的交互项，其系数 δ_t 为 DID 估计系数，用来识别气候冲击对人口生育行为的净影响；X 和 ε 与基准模型定义基本相同。

回归结果在表 6.5 中第（1）和（2）列中给出，表中第（3）和（4）列同样控制了时间趋势。

表 6.5　1873 年前后特定地区族内人口规模与族数量

变量	(1) 族内人口规模	(2) 族数量	(3) 族内人口规模	(4) 族数量
	未控制时间趋势		控制时间趋势	
受冲击地区 × 1873 年严重水灾	3.583*	−5.696***	4.313	−7.542**
	(2.147)	(2.736)	(2.973)	(3.744)
受冲击地区（是 = 1）	5.200**	−34.859***	5.239**	−34.820***
	(2.231)	(2.819)	(2.229)	(2.808)
1873 年严重水灾后期（是 = 1）	−0.182	10.526	—	—
	(1.795)	(8.268)	—	—

续表

变量	(1) 族内人口规模	(2) 族数量	(3) 族内人口规模	(4) 族数量
	未控制时间趋势		控制时间趋势	
控制变量	是	是	是	是
常数项	29.479 ***	110.766 ***	29.225 ***	117.116 ***
	(1.552)	(1.961)	(1.161)	(1.462)
样本量	1 824	1 824	1 824	1 824
R^2	0.025	0.198	0.027	0.197

注：括号内为标准误；*** $p<0.01$，** $p<0.05$，* $p<0.1$。

从表 6.5 的回归结果可以看出，选取了特定时间和特定地区之后，双重差分的回归结果与上一节的回归结果在显著性和正负性上没有改变。说明当气候冲击发生时，族倾向于聚集起来以抵御风险。这一结论间接证明了聚集起来的族可能会通过使用族内的公共产品对抗气候冲击带来的消极影响。

6.3.3 气候冲击下的族内生育控制

接下来考虑发生外来冲击时族内的生育控制。在上一节的讨论中，本书已经说明在规模较大的族中，可能由于公共品提供较充裕等原因，族成员能够抚养更多的子女，但为了维持族的稳定，大规模、分族风险低的族内部有较明显的生育控制行为。那么，当发生外来冲击时，不同类型的族内部人口控制程度是否存在差异？接下来，本节将验证这一问题。

本节通过控制气候冲击 $flood\_shock_{it-1}=1$ 对基础模型再次进行回归，观察在发生气候冲击时族长的生育控制行为的差异。回归结果如表 6.6 所示。表中的强族仍然表示规模大、分族风险低的族，弱族反之。

从表 6.6 的回归结果看，发生气候冲击后，强族内部成员初婚时间明显晚于弱族成员的初婚时间，且初婚时间的变化显著。而初次生育时间虽然也有一定的推迟，但变化不显著。当期出生的新生儿数量没有明显的变化。而族呈现出弱族特征时，族内个体的初次生育时间也略早于未表现出此类特征的族。

表 6.6　气候冲击下不同特征族内的生育控制

变量	(1) 新生儿数量	(3) 初婚时间	(4) 初育时间	(5) 新生儿数量	(7) 初婚时间	(8) 初育时间
强族（是=1）	0.013 (0.024)	0.688*** (0.228)	0.34 (0.364)	—	—	—
弱族（是=1）	—	—	—	-0.025 (0.027)	0.111 (1.045)	-0.540 (0.445)
控制变量	是	是	是	是	是	是
样本量	39 711	1 065	8 332	39 711	1 065	8 332
R^2	0.052	0.137	0.215	0.052	0.136	0.216

注：括号内为标准误，*** $p<0.01$，** $p<0.05$，* $p<0.1$。

这一回归结果说明，发生气候冲击后，规模大、分裂风险低的族可能更倾向于将公共产品用于抵御风险、维持族众生活水平以及灾后重建等方面，在这一时期这类族表现出更明显的人口控制趋势。

6.4　稳健性检验——个体视角下的族特征与生育行为

前面主要将族视为一个整体，讨论了族的某些特征对族内生育控制选择的影响，证明了一个较大规模的、较为稳定的族能够接受更高的生育水平以及较高的人口控制成本。当发生外来冲击时，较大规模族内的成员会表现出更为明显的生育控制行为。

接下来，本书从族内其他个体的视角出发，分析不同族特征对生育行为的影响。为便于讨论，在这里使用了个体的生命周期数据，讨论族的特征对族内个体生育选择的影响。为了进一步讨论个体整个生命周期中生育行为的变化，除了初次婚育时间以外，还将个体的生育水平与生育间隔纳入讨论范围。

6.4.1 族的类型与族内个体生育行为差异

表 6.7 反映了使用基础模型进行回归的结果。考虑到在个体的整个生命周期中，分族发生时点的不同可能对个体生育行为的影响不同，这里使用族规模替代分族行为进行回归，使用个体生育水平、个体生育女儿数量、个体初次婚育年龄以及多子女个体的生育间隔作为生育行为的代理变量。由于数据存在缺失，在使用不同的被解释变量进行回归时，样本量存在着差异。

表 6.7 不同类型族内的个体生育行为差异

变量	(1) 生育水平	(2) 初次生育年龄	(3) 初次结婚年龄	(4) 生育间隔
强势族（是=1）	0.141*** (0.009)	−0.634*** (0.063)	−0.386*** (0.071)	0.053 (0.045)
气候冲击（是=1）	0.078*** (0.021)	0.670*** (0.141)	0.810*** (0.164)	0.012 (0.104)
死亡年龄	0.026*** (0.000)	0.113*** (0.002)	0.053*** (0.002)	0.024*** (0.002)
父亲死亡时个体年龄	0.008*** (0.000)	0.007*** (0.002)	0.008*** (0.003)	−0.002 (0.001)
受到气候冲击次数	−0.002 (0.010)	0.268*** (0.069)	0.179** (0.082)	−0.106** (0.051)
与族长关系	0.032*** (0.004)	−0.749*** (0.027)	−1.003*** (0.032)	−0.002 (0.021)

续表

变量	(1) 生育水平	(2) 初次生育年龄	(3) 初次结婚年龄	(4) 生育间隔
男性（是=1）	0.035*** (0.010)	-1.931*** (0.066)	0.693*** (0.127)	0.943*** (0.048)
出生年份	-0.002*** (0.000)	-0.032*** (0.002)	-0.058*** (0.002)	0.018*** (0.002)
常数项	4.369*** (0.470)	82.242*** (3.579)	126.825*** (3.602)	-29.187*** (2.772)
样本量	82 503	67 851	41 359	26 545
R^2	0.190	0.154	0.142	0.022

注：括号内为标准误；*** $p<0.01$，** $p<0.05$，* $p<0.1$。

从回归结果可以看出，在规模较大的强势族内生活的个体，其生育水平明显高于在规模较小的弱势族内生活的个体，且他们的初次婚育年龄低于在弱势族内生活的个体。从个体的角度考虑，根据模型假设，个体能够利用族提供的公共品以承担一部分养育子女的开销，那么，生活在较大规模的族内的个体，由于生育成本参与约束的放松，会倾向于多生育且早生育。但同样需要注意的是，强势族与弱势族个体的生育间隔之间不存在明显的差异。族的类型可能只会对初次生育年龄造成影响，而不会对生育间隔造成太大影响。

6.4.2 分族对生育行为的影响

为进一步证明族的类型确实能够影响族内个体的生育行为，接下来讨论经历族的分裂对个体生育行为的影响。之前的研究已经证明了生活在较大规模族内的个体生育水平较高，那么，这一结果究竟是否是由于规模较大的族能够提供较高的公共品水平，以及族内成员生育可能存在着搭便车行为导致的呢？如果这一假设成立，那么分族发生的时点不同对生育行为的影响应当存在差异。对于那些在婚育前经历分族的个体来说，族的分裂带来的公共品供给水平的锐减将给他们的生育行为带来更大影响。

为验证这一点，本节利用分族时点对个体的生育行为再次进行了回归。回归结果如表 6. 8 所示。

表 6. 8　族的分裂、分族时间与个体生育行为

变量	(1) 生育水平	(2) 初育年龄	(3) 初婚年龄	(4) 生育间隔	(5) 生育水平	(6) 初育年龄	(7) 初婚年龄	(8) 生育间隔
是否分族 (是=1)	−0. 173 *** (0. 025)	0. 522 *** (0. 194)	0. 419 * (0. 224)	0. 220 ** (0. 095)	—	—	—	—
婚育前分族 (是=1)	—	—	—	—	−0. 936 *** (0. 062)	6. 417 *** (0. 461)	4. 877 *** (0. 519)	−0. 126 (0. 248)
控制变量	是	是	是	是	是	是	是	是
常数项	−0. 036 (0. 031)	22. 851 *** (0. 477)	20. 516 *** (0. 256)	3. 859 *** (0. 136)	1. 017 *** (0. 108)	24. 351 *** (0. 794)	18. 313 *** (0. 707)	3. 529 *** (0. 617)
样本量	82 503	67 851	41 359	26 545	2 661	2 179	1 450	969
R^2	0. 188	0. 150	0. 124	0. 017	0. 169	0. 124	0. 188	0. 036

注：括号内报告的为标准误， *** $p<0.01$， ** $p<0.05$， * $p<0.5$。

表 6. 8 第（1）至（4）列的回归结果比较了经历分族和未经历分族个体的生育水平与婚育年龄，从中可以看出，经历分族的个体生育水平明显低于未经历分族的个体，且婚育时间明显晚于未经历分族的个体，生育间隔也明显长于未经历分族的个体。这验证了本书前面得到的结论，即如果将规模较小或经历过分裂的族视为一个弱势的社会组织，那么在弱势族生活的个体会具有较低的生育水平。

表 6. 8 第（5）至（8）列的回归结果保留了经历分族的子样本，并考虑了分族时间对样本生育行为的影响。这一回归比较了在婚育前经历分族

与在婚育后经历分族的样本生育行为的差异。尽管分族会显著影响生育行为，但婚育前分族能够对样本产生更明显的影响。回归结果表明，婚育前经历分族的样本，其生育水平比在婚育后经历分族的样本的生育水平低0.94人，且初次生育年龄较婚育后分族的样本晚6.4年，初次结婚年龄较婚育后分族样本晚4.9年。这说明，婚育前经历族的分裂将给样本的生育行为带来更大的影响。这一回归结果验证了族内个体存在着搭便车的生育行为，一旦族发生分裂，导致族提供公共品的能力明显下降，族内个体的生育行为就会受到明显的抑制。

6.4.3　气候冲击对族内个体行为的影响

接下来，本节考虑发生外来气候冲击的情况，在这里特别关注外来冲击发生的时间。如果说理论模型中的假设成立，即族内公共品会影响其中成员婚育，当公共品供给紧缩时，生育会受到更明显的抑制，那么，对那些在初次婚育前一期遭受了气候冲击的人而言，他们将面临更为严格的人口控制，也会更为明显地受到生育控制的影响。本节的分析依然使用“强族”或“强势族”代表规模大且未发生分族的族，“弱族”或“弱势族”代表规模小或发生分族的族。

为验证这一猜想，本节保留在整个生命周期中受到过气候冲击的子样本，构造以下模型：

$$fertility\_behavior_i = \alpha + \beta_1 zu\_type_i \times early\_flood\_shock_i + \beta_2 zu\_type_i + \beta_3 early\_flood\_shock_i + \beta_4 X_i + \beta_5 birth\_year_i + \varepsilon_i$$

其中，$fertility\_behavior_i$ 代表第 i 个样本的生育行为，具体包括了初次婚育时间、生育水平以及生育间隔。$early\_flood\_shock_i$ 代表第 i 个个体是否在初次结婚或初次生育的前一期遭受了气候冲击，$zu\_type_i \times early\_flood\_shock_i$ 则代表了族特征与初次婚育前期遭受气候冲击的交互项，这一项的回归系数 β_1 是本书需要重点关注的结果，代表了那些生活在强势族内且在初次婚育前遭受气候冲击的个体与那些生活在弱势族且遭受气候冲击的时间点不在初次婚育之前的个体之间生育行为的差异。X_i 为影响个体生育行为的其他控制变量，包括性别、个体的死亡年龄、个体父亲死亡时的年龄以及与族长的亲缘关系等。$birth\_year_i$ 为控制的出生年代变量，ε_i 为随机扰动项。

回归结果如表 6.9 所示。

表 6.9　气候冲击下族特征差异对生育行为的影响

变量	(1) 生育水平	(2) 初次生育年龄	(3) 初次结婚年龄	(4) 生育间隔
强族 × 婚育前气候冲击	-0. 162 *** (0. 031)	2. 559 *** (0. 421)	1. 009 *** (0. 207)	-0. 356 (0. 359)
强族（是=1）	0. 121 *** (0. 015)	-0. 762 *** (0. 122)	-0. 883 *** (0. 107)	0. 127 (0. 079)
婚育前气候冲击（是=1）	-0. 911 *** (0. 022)	2. 135 *** (0. 267)	4. 180 *** (0. 151)	-1. 420 *** (0. 221)
控制变量	是	是	是	是
常数项	10. 634 *** (2. 081)	191. 447 *** (17. 739)	360. 178 *** (15. 098)	-53. 191 *** (12. 802)
样本量	32 657	15 404	28 916	10 444
R^2	0. 270	0. 145	0. 254	0. 024

注：括号内报告的为标准误；*** $p<0.01$，** $p<0.05$，* $p<0.1$。

由回归结果可见，在曾经受到气候冲击的子样本中，与生活在弱势族并且在婚育后受到气候冲击的个体相比，那些生活在强势族中并且在婚育前受到了气候冲击的个体受到了明显的生育控制。对于这一部分个体而言，生育控制将导致他们 0. 162 个单位生育水平的下降，并且导致生育年龄推迟了 2. 6 岁，初次结婚年龄推迟了 1 岁。但生育间隔没有明显的变化。

这一回归结果说明，尽管生活在规模较大的强势族中能够导致一个较高的生育水平，但强势族中同样也存在着更强的人口控制，一旦发生外来冲击，强势族长领导下的成员可能会面临更为严苛的生育控制。

由于上述回归同样使用了双重差分法，这里同样需要对差分结果进行平稳性检验。考虑到生命周期早期一次性气候冲击可能会对婚育行为有相当长久的影响，在这里，本书选取一个理论上不会对婚育行为造成影响的气候冲击发生时点构造双重差分模型。为了尽量远离婚育期，本书将这个时点选择在生育期（55 岁）以后。此时使用的模型如下：

$$fertility\_behavior_i = \alpha + \beta_1 zu\_type_i \times late\_shock_i + \beta_2 zu\_type_i + \beta_3 late\_shock_i + \beta_4 X_i + \beta_5 birth\_year_i + \varepsilon_i$$

同时，为了尽量避免在生命周期中出现多次气候冲击的样本对回归结果造成干扰，仅保留了那些在完整的生命周期中未受过或仅在生育期结束后经历过水患的样本。使用这一模型的回归结果见表 6. 10。

表 6. 10　气候冲击下族特征差异对生育行为影响的平稳性检验

变量	(1) 生育水平	(2) 初次生育年龄	(3) 初次结婚年龄	(4) 生育间隔
强族 × 生育期后气候冲击	0. 148 (1. 086)	−0. 451 (11. 493)	−1. 595 (8. 965)	0. 794 (11. 591)
强族（是=1）	0. 062 (1. 086)	0. 505 (11. 493)	−1. 600*** (0. 896 4)	0. 345 (11. 590)
生育期后气候冲击（是=1）	1. 075 (0. 768)	14. 571 (9. 384)	1. 459 (5. 176)	4. 797 (8. 196)
控制变量	是	是	是	是
常数项	0. 156 (0. 768)	12. 337 (9. 384)	12. 213** (5. 176)	0. 345 (8. 196)
样本量	5 489	3 038	2 216	2 213
R^2	0. 042	0. 037	0. 041	0. 022

注：括号内报告的为标准误；*** $p<0.01$，** $p<0.05$，* $p<0.1$。

从表 6. 10 的回归结果可以看出，当气候冲击发生在生育期之后，所有交互项的系数均不显著，并且生育期后发生气候冲击本身也不会对生育水平与婚育年龄、生育间隔产生任何显著的影响。但值得注意的是，生活在强族中的样本，结婚年龄有明显的推迟，这可能印证了强势族中会表现出比较明显的生育控制行为。表 6.10 的结果证明了婚育时间的推迟确实是因为那些婚育前遭遇气候冲击的个体，受到了强势族内增强了的生育控制的影响。

6.5 结语

族作为八旗制度下基础社会组织，其功能尚未得到足够的讨论。尽管已有的研究证明族能够起到提供公共品和公共资源的作用，且通过对宗族制度的研究发现，外来财富冲击、宗族的行为能够影响族内成员的生育行为，但族的某些特征对族内成员生育行为的影响路径还鲜有人关注。本章利用多世代人口数据库，考察了族的类型对族内个体生育行为的影响。

通过研究发现，不同规模的族之间生育水平存在着差异，这一差异与族的特征相关，即越不容易发生分裂的族，其中成员的生育水平越高。这一差异部分可以通过族提供公共品的能力进行解释。处于规模大、内部家庭数量稳定族之内的个体更容易利用族的公共财富养育子女；而在婚育期之前经历了族的分裂，或生活在较小规模族内的个体可能由于公共财富的不同而具有少生育的倾向。

但不同规模的族之间生育控制的能力也存在着差异。规模越大，越不容易发生分裂的族，其控制人口的能力也越强。通过比较族内控制人口的治理成本发现：在规模较大、分裂可能较低的族内，即使控制人口的成本较高，族内表现出的人口控制特征也会较为明显；而在规模较小，分裂可能较高的族内，人口控制强度较低。当发生气候冲击时，规模较大、分裂可能较低的族具有更强的人口控制意愿，族内个体的生育行为会更加明显地受到气候冲击的影响，进而导致婚育时间的延后以及生育水平的降低；而规模较小，分裂可能较高的族内个体不会发生明显的生育行为变化。

本章不仅为现有的有关中国传统社会是否存在人口控制的讨论提供了进一步的实证证据，同时也对族这种基础社会组织如何影响人口控制提供了新的解释机制。

7 气候冲击和职官选任：家庭和族的规模与生育质量

薛（Shiue，2017）通过对安徽桐城族谱的研究发现，明清时期中国家庭内部已经存在生育数量与生育质量的转换，即能够接受良好教育的男性通常来自规模较小的家庭，且这一现象不仅在富裕的家庭中存在，在相对贫穷的家庭中也依然存在。史晋川和丁峰（2020）则利用多世代人口数据库，发现家庭结构影响了教育产出，即未婚姐妹对兄弟的教育产出具有积极影响，哥哥对弟弟的教育产出同样有积极影响。这些研究说明，传统农业社会中生育数量和家庭结构对生育质量均会产生影响，家庭在进行资源分配时已经考虑到是利用有限的资源扩大人口规模，还是进行人力资本投资。

在前两章的讨论中，本书利用盛京地区的人口数据，发现了该地区生育控制存在的证据，本章将对生育控制的政治经济学后果进行讨论：首先讨论这一地区家族内部职官数量的增长是由持续扩大的家族规模导致的，还是族内部资源倾向性地分配导致的；进而分析当气候冲击发生后，生育控制引起的家庭规模的缩小是否在客观上保证了某些成员依然能够获得足够的资源。资源向某个成员以及某个家庭的聚集是否能够保证他们成功获得职官身份，并维持家庭以及族的社会地位。

7.1 培养官员的成本与回报

7.1.1 盛京地区官员的选拔

从官员的出身看，清代旗、民入仕有科目、恩荫、保举、捐纳等众多途径。入仕的形式又决定官员的“出身”，且入仕后又有正途与异途之别。其中，正途包括科甲出身、经国子监培养等的学校出身以及由恩荫或难荫的恩荫出身，异途则包括议叙、捐纳、杂流、官学生俊秀等出身。出身不同，补授的官职不同。

除去入仕的形式之外，民族身份对官职的补授也有着重要影响。由于清朝是少数民族入主中原，为保持皇族和满族在国家机构中的优势地位，清政府制定了与民族身份界定相匹配的官缺制度，特定官缺只能由对应身份的人来担任。根据陈必佳等（2018）和胡祥雨（2018）的研究，1906年官制改革前，满人官员在职官选任上占有绝对优势。

从官员的选拔方式上看，清朝官员的改除升补包括请旨、考选、拣选、保举、特授等各种形式。何项官员按照何种方式铨选均有定制。根据官员品级划分，不同品级的官员铨选方式不同。保举是盛京地区铨选方式的一种，即大员推荐属员。根据清代规定，京官中九卿可保举属员，外官中总督、巡抚、布政使和按察使可保举道、府、州、县官。奉天府府尹对其属官拥有保举的权力。康熙十八年（1679年）奉天府府尹梁拱衰疏言：“奉天所属一府二州七县，正印、佐贰、杂职等官三十余员，有勤无举，恐贤能者不知所劝，应照直隶各省之例，遇荐举之年，酌荐一员。”保举需要开列实在政绩，并需吏部或皇帝的认可，但一般说来保举均可得到批准。盛京驻防将军对所辖旗官升降的影响更为直接。如三姓副都统衙门档案记载：“三姓地方官员中倘有降调之情事，则遵照将军衙门咨文办理。”另外，由于位置和地位的特殊，奉天昌图府、吉林府、长春府知府，以及奉天凤凰厅等直隶厅同知和奉天新民厅等厅同知等均属题缺。

从官员的来源上看，由于盛京地区的特殊性以及清朝建立之初京缺、旗缺需人甚多，除驻防官员外，满洲人员并不在外省任职。清初盛京五部的司官亦是如此，在本地旗员中选任。由于盛京吏制不堪（详见第4章），雍正年间盛京五部的司官改为京缺，到了乾隆八年，考虑到盛京官员的升途及地方的管理，“嗣后盛京司员，若半将本地应升人员补用，半由京城补放，”[①]“如五部郎中十三员内，除户部银库郎中一缺由京派往，三年更换，余二十缺，酌分六缺，归本处人员升用”[②]。盛京五部的司员，如员外郎、主事等也有具体的京缺和地方额缺。京员与土著旗人的共同任用，一方面可利用当地旗官对地方的了解，加强对盛京这一特殊地区的管理，维持满人统治的权威性，一方面可在一定程度上避免本地旗员“彼此交通，蒙混舞弊”的现象。

7.1.2 培养官员的成本

前文已经提到官员的出身可分正途和异途，除荫生赦官外，正途出身的官员需要通过系统的教育和科举来获得官职，为培养一个官员需要投入相当大的成本。以参加科举考试一项为例。根据宫崎（Miyazaki，1976）的估计，16世纪考生赴京参考的花费约600两；而根据埃尔曼（Elman，2002）的估算，19世纪教谕的年收入约为560两。即使已经通过考试获取了功名，有时仍需通过捐贡来快速得到吏部铨选，因此，通过捐纳获得职官的投入也相当高。以康熙十四年的乙卯捐纳条款为例：“进士捐一千两，以中、行、评、博及内阁中书用。举人捐一千两，不候拣选，以知县用。五贡捐二千两，以知县用……监生、生员纳银五百两，授鸿胪寺序班。”（陈宽强，2014）到清晚期，捐纳有了更为详细的规定，据光绪朝捐纳则例记载：“已截取进士捐银378两，未截取进士捐银522两，已截取举人捐银660两，未截取举人捐银810两，未拣选举人捐银954两。”

---

① 《清实录乾隆朝实录》，乾隆八年九月丙午，卷二百一。

② 《清高宗实录》，乾隆八年十一月乙巳，卷二〇五。

7.1.3 培养官员的回报

一旦成为官员，就意味着家庭有了稳定的收入来源。清代文官年俸的标准是：正从一品俸银 180 两，禄米 180 斛；正从二品俸银 155 两，禄米 155 斛；正从三品俸银 130 两，禄米 130 斛。对于官员而言，俸禄仅为其收入的一小部分。根据张仲礼（Chang，1962）的估计，大学士一年的额外收入约为 5 万两白银。拥有官职不仅意味着个人或核心家庭财富的显著增长，对整个家族而言也意味着经济来源的增加。翁同爵在家书中就曾提及寄银如何分配："吾此次所寄之六百金，以二百金呈汝祖母，以五十金送汝伯母，以百金送汝叔父，以百金给汝夫妇，以二十金给仲渊，二十金给子馨，以十金给秀姑娘，以二十金给安孙兄弟姊妹，以十金换钱分给汝祖母房中老妈及汝房所用老妈。以十金给朱寿，十金给赵恩，其余五十金，则本家人辈分项，可分给京寓家人也。"①

除经济收入以外，成为官员还意味着整个家族社会阶层的提升。对于普通人来说，一旦由"民"变为"官"，就可以跻身社会上层阶级，便有了较高的社会地位，其家族的社会地位也迅速上升。同时，由于地位的上升，使得他们能够与本地上层士绅与官员交往，更容易买卖田地，后代也更容易获得较好的教育资源；甚至在遇到纠纷、诉讼等问题时，官府的判决也会倾向于官员家族。总之，家庭成员中一旦出现官员，能够促进家族的发展，同时扩大家族对地方社会的影响。

7.2 族谱中的家族规模与职官数量

7.2.1 来自盖州《李氏族谱》的证据：读书为官后代在某房支的聚集

《李氏族谱》始修于民国十六年（1927）年，该族是一个世代为官宦

① 同治四年十月致翁曾翰书。李红英辑考：《翁同爵家书系年考》，226 页。

的大族，以李祖彦定居改平县团山子后为一世祖，从二世起分为四房。其中，长房世代务农，无出仕者；次房无嗣；而三、四房即天贵、天祥两房则比较发达，根据族谱记载，这两房轮流继承正白旗催领一职。根据定宜庄等（2004）的走访调查，李姓第四房至今仍为当地大姓，其后裔至今仍口传当年的富庶。表 7.1 给出了该姓不同房支与行辈在清代的任官情况。

表 7.1 《李氏宗谱》中各房支任职官人数表

房分	辈数	领催	骁骑校	封赠等	贡生等	按房分各代总计	各房总计
长房	第十代	1	0	0	0	1	1
次房	第十代	1	0	0	0	1	1
三房	第四代	1	0	1	0	2	35
	第五代	1	0	1	0	2	
	第六代	1	4	2	3	10	
	第七代	1	0	1	0	2	
	第八代	2	1	2	0	5	
	第九代	0	0	4	2	6	
	第十代	2	0	2	4	8	
四房	第五代	0	0	1	0	1	9
	第六代	2	0	2	0	4	
	第八代	1	0	3	0	4	
合计		13	5	18	10	46	46

表 7.1 中，族内职官情况分为四种："骁骑校"是实职职官；"封赠等"为散阶无固定职事者；"贡生等"包括岁贡生、恩贡生等受教育者；"领催"的情况较为复杂，在《盛京典制备考》中将领催与甲丁、牧丁视作同等，但《盛京通志》中将"领催"列入职官中，但可以确定的是，"领催"的地位高于一般甲兵。

从表中可以看出，李氏宗族中出现了读书为宦后代的聚集现象：长房与次房一直到第十代才出现任正白旗领催的后代，但第三房从第四代至第十代均有为官后代；不仅如此，为实职者以及有功名者也都聚集在第三房。定宜庄等人认为，这是由于八旗制度对长子束缚较重，除长房以外其余各房需承担的义务较轻，其余房支在人口流动上也具有更大的自由，使得其余房支拥有充足的资本以迅速发展。但这一解释并不能说明为何次房、三房和四房后代职官之间存在着如此明显的差异，各房之间职官数量的显著差异也可能是由于族内财富和资源向某一支聚集而造成的。本书将在后面对这一假设进行检验。

7.2.2 来自《辽阳吴氏族谱》的证据：家庭规模与职官数量

《辽阳吴氏族谱》为现存盛京地区唯一对族人职业有详细记载的族谱。根据记载，吴氏于顺治八年（1651 年）迁入奉天辽阳城，并隶旗籍，“占地 50 亩，再前辽阳城北五十里孟胡屯，选村南之原，服田力穑，经营家室，遂聚族居之”。该族谱修成时间比较晚，在伪满康德六年（1939 年）才修成，因此，对这一族的旗分佐领等信息都没有详细记载。但族谱中的记载表明，该姓在同治和光绪年间均有人做到了领催，并与满人女子通婚，说明这一族人在一定程度上已经相当满化。尽管随旗人与旗人之间在官员铨选、享有特权等方面天然存在着差异，但本节尝试使用随旗人来还原当时普通旗下家庭的发展与壮大，希望获得窥一斑知全豹的效果。

吴氏族谱中的始祖为顺治八年迁入盛京地区的吴印奎，吴印奎生有三子，第三子未见娶妻生子的记录，长子和次子在整个清代共有九辈后代，“犯字”依次为：印钱德克国朝云锡英。吴氏长门即吴印奎长子吴钱龙的后代均以务农为主，仅有吴钱龙的第四辈中一人“业商”，另一人“业工”。在此之后，直到第七辈才出现一人“业工”，其余后代均务农。而吴氏次门即吴钱寿一门则共出现了 27 位拥有官职的后代。表 7.2 给出了吴氏各门各代的生育数量，通过比较各门各代的生育数量，本书发现，尽管吴钱寿门出现了更多拥有官职和接受教育的后代，但从家庭规模上看，两门之间并不存在明显的差别。

表 7.2　吴氏各门各代的生育数量

	吴钱龙门	吴钱寿门
代际	儿子数量均值	儿子数量均值
3	1.50	1.38
4	0.67	0.91
5	1.50	1.20
6	1.58	1.33
7	1.00	1.63
8	1.67	1.84

吴钱寿一门从第三代其各代从事职业以及拥有功名的情况见表 7.3。

表 7.3　吴氏次门（吴钱寿）各代拥有功名人数

	第三代	第四代	第五代	第六代	第七代	第八代	第九代	总计
男性总人数	7	9	10	12	19	30	54	141
职官人数	1	0	0	1	4	6	13	25
进学和业儒从教人数	0	0	0	1	1	2	1	4
失考人数	0	2	1	2	0	2	0	7
务工商者	1	2	1	1	0	7	17	29

从各代的男丁数量以及职官人数、进学人数和失考人数上看，吴氏各代男丁数量的增长相对而言较为稳定，平均每代男性的生育数量一直维持在 1.1 到 1.8 之间。但职官人数占全体男丁比率却有非常明显的上升，从第六代的 1/6 上升至第九代的近 1/4。从这个比例上看，职官人数的增加并非单纯由家族规模的扩大造成的。一方面，由于家族财富的逐代积累，后几代的男性更有可能拥有接受良好教育的机会；另一方面，这也可能说明在这个家族中存在着生育数量与质量之间的替换，即家族将财富和其他社会资源用于为后代提供进入官场的机会，而没有将积累的财富用于扩大

家族人口规模上。

根据吴氏族谱的记载，第六代的吴宽，身份为从九品太学生，但他“弱冠屡应童子试。不第，以赀入太学试，秋闱又不第，志不获申，乃改由异途梯进取，值时多故，所如辄阻，遂以耕读课子孙，终其身焉”。其子也是通过捐纳获得了“太学生”的身份，但并未成功获得官职。这两人的人生经历说明，当吴家积累了一定财富后，想凭借读书中试步入仕途，以提高整个家族的社会地位，但由于天赋所限或其他原因，吴家一部分男性并没有在科举考试中取得成绩，只能依靠捐纳等手段获得身份，但即便如此，在这个家族发展的中期，很多男丁也没有如愿跻身官场。

相比而言，幼弟吴敏官运较为亨通，吴敏是这个家族在清代出现的最高级别官员。根据族谱记载，吴敏的官职为五品典仪，在王公府中执掌礼节导引等职。他的后代中出现有举人，也有监生和附生。

进一步，本节计算了吴敏兄弟四人以及后人在清代的生育数量，结果见表7.4，从表中可以看出，各房各支的生育数量之间的差异与是否拥有实职职官并没有多大关联，尽管吴敏一支出现了最多的实职官员和通过科举取得功名的后人，但在同房兄弟中，吴敏一支的生育水平却相当低。这一结果说明，家族内部职官的取得可能更多依赖财富的积累，而非单纯依靠人口规模的扩大。但这一简单的统计结果并不足以证明该地区或该家族已出现明显的生育数量与生育质量之间的替换现象。

表7.4 吴敏兄弟及后代生育数量

代际	吴宽	吴敏	吴信	吴捷
7	4	1.5	2.67	1.5
8	3.25	2	2.75	1

7.3 族内家庭规模、资源分配与族内职官的获得

在上一节的讨论中，本书通过对盛京地区族谱的分析，利用两个随旗

人家庭的职官情况，说明盛京地区族中官员数量的增加并非单纯由家庭规模的增加引起，且族中官员存在明显地在某一房支聚集的现象。根据对族谱的分析，相比家庭规模的增加，某一房祖先的余荫以及其代表的族内某个家庭财富的聚集在成员获得官职上的影响更为明显。本节首先利用实证数据再次检验家庭规模、族规模和祖先余荫对官职取得的影响。其次，考虑到族作为基础社会组织所承载的公共品提供职能，族的财富与资源水平可能会影响成员官职的取得，由于缺乏直接的衡量族财富水平的数据，本节使用族的分化再次衡量财富冲击对成员职官获得情况的影响，即检验是否在族分裂之前，族内成员更有可能获得功名；而在族分裂之后，由于财富和资源的减少，族内成员获得官职的可能性将会降低。

7.3.1 变量选择和描述性统计

为验证家庭规模、族规模与祖先余荫对职官获得的影响，本节使用亲生兄弟数量、同支不同房堂兄弟数量以及族内年龄相仿男丁数量衡量家庭规模和族规模，同时使用父亲和祖父是否具有官职衡量祖先余荫的影响。本节通过考虑是否经历分族以及是否经历气候冲击间接讨论财富冲击的影响。另外，根据族谱的记载，有大量职官是通过捐纳、封赠等手段获得的，但人口数据记录中缺乏对职官获得方式的记载。考虑到通过科举等正途获得官职需要较长时间，而通过异途获得官职通常更快（燕红忠和卫辛，2016），本节利用获得官职的年龄间接对获得官职的方式以及其所代表的家族财力水平进行考察。

变量的描述性统计如表 7.5 所示。

表 7.5 变量的描述性统计结果

变量名称	样本量	均值	标准差	最小值	最大值
是否获得官职（是=1）	33 667	0.03	0.18	0	1
获得官职年龄	1 081	30.26	10.37	13	83
亲兄弟数量	33 667	1.53	1.47	0	12

续表

变量名称	样本量	均值	标准差	最小值	最大值
同支表兄弟数量	33 667	1.91	2.92	0	24
族内年龄相仿男性数量	33 667	4.28	6.25	0	75
父亲是否获得官职（是=1）	33 667	0.06	0.24	0	1
祖父是否获得官职（是=1）	33 667	0.06	0.23	0	1
死亡年龄	33 667	41.55	19.83	3	90
父亲死亡时个体年龄	33 667	25.75	12.55	1	88
与族长关系	33 667	1.92	1.24	0	8
是否经历分族（是=1）	33 667	0.03	0.17	0	1
经历洪水冲击（是=1）	33 667	0.45	0.49	0	1

7.3.2 基准模型

为考虑家庭规模及族规模对成员官职获得情况的影响，这里首先建立家庭规模、族规模、父代余荫与成员是否成为职官之间关系的基础模型：

$$position_i = \alpha + \beta_1 brother\_num_i + \beta_2 cousin\_num_i + \beta_3 zu\_male\_num_i +$$
$$\beta_4 father\_position_i + \beta_5 grandfather\_position_i + \beta_6 X_i + \beta_7 birth\_year_i + \varepsilon_i$$

其中，$position_i$ 代表第 i 个个体是否是职官以及该个体成为职官的年龄，$brother\_num_i$、$cousin\_num_i$ 和 $zu\_male\_num_i$ 分别代表第 i 个个体拥有的亲兄弟数量、同支不同房的堂兄弟数量以及除（堂）兄弟以外同族年龄相仿的男性数量；$father\_position_i$ 和 $grandfather\_position_i$ 分别代表该个体父亲和祖父是否是职官，X_i 包含了该个体的寿命、与族长亲缘关系以及父亲去世时该个体年龄、个体妻子数量等与个体有关的控制变量，$birth\_year_i$ 为控制的年代变量，ε_i 为随机扰动项。

为进一步考虑族的财富水平对成员获得官职情况的影响，本节将两类财富冲击引入讨论：族的分裂引起的财富冲击以及灾害引起的财富冲击，考虑财富冲击后，构建的模型如下：

$$position_i = \alpha + \beta_1 brother\_num_i + \beta_2 cousin\_num_i + \beta_3 zu\_male\_num_i + \beta_4 father\_position_i + \beta_5 grandfather\_position_i + \beta_6 flood\_shock_i + \beta_7 zu\_sep_i + \beta_8 X_i + birth\_year_i + \varepsilon_i$$

其中，$flood\_shock_i$ 代表个体是否遭受水患冲击，zu_sep_i 代表个体是否经历了族的分裂，其他变量与基准模型相同。

7.3.3 基准模型回归结果

使用基准模型进行回归的结果在表 7.6 中给出。表 7.6 的第（1）列表示个体是否获得官职与家庭、族规模和父代余荫的关系，第（2）列则表示个体获得官职时的年龄与家庭、族规模和父代余荫的关系。

表 7.6 基准模型回归结果

变量	（1） 是否获得官职	（2） 获得官职年龄
亲兄弟数量	0.003*** (0.001)	0.247 (0.171)
同支堂兄弟数量	0.000 (0.000)	0.246*** (0.076)
族内年龄相仿男性数量	-0.000 (0.000)	0.302*** (0.045)
父亲是否获得官职（是=1）	0.161*** (0.010)	-1.089 (0.704)
祖父是否获得官职（是=1）	0.049*** (0.007)	0.862 (0.738)
死亡年龄	0.001*** (0.000)	0.262*** (0.024)
父亲死亡时个体年龄	0.000 (0.000)	-0.003 (0.020)

续表

变量	(1) 是否获得官职	(2) 获得官职年龄
与族长关系	0.002* (0.001)	−0.189 (0.292)
常数项	−0.019*** (0.003)	15.604*** (1.340)
出生年份固定效应	是	是
样本量	33 667	1 081
R^2	0.066	0.198

注：括号内报告的为标准误；*** $p<0.01$，** $p<0.05$，* $p<0.1$。

从回归结果中可以看出，父代拥有官职对子孙获得官职有非常显著的正向影响。而个体是否能够成为职官与同支堂兄弟数量和族内年龄相仿男性数量均无关，与亲兄弟数量显著正相关，这证明单纯族规模的扩张以及族内某一支规模的扩张并不会带来该支职官人数的增加，但其中某个家庭的壮大会带来家庭中职官人数的增加，这个结果可能代表维持较高的生育数量能够保证增加家庭中出现职官的概率，也可能意味着该家庭较族内其他家庭拥有更多的资源。但对比获得职官身份年龄的回归结果发现，单纯某个家庭亲兄弟数量的增加并不会导致获得职官身份时间的延后，而同支堂兄弟以及族内年龄相仿男性数量的增加会显著导致获得职官身份时间的延后。

对比这两个结果，同支堂兄弟数量以及族内年龄相仿男性数量的变化意味着族内资源分配情况的变化，如果较高的生育数量能够保证家庭中出现职官概率的升高，那么，同支堂兄弟数量以及族内年龄相仿男性数量的增加并不会对个体获得职官身份时间造成影响。上节在对族谱的分析中已经证明，族内大部分男性获得职官的途径是依靠捐纳，那么，同支男性以及族内男性数量增加造成的个体获得职官身份时间的延后就意味着族内资源分配的变动，族内男性的增加导致家庭获得资源的减少，尽管这一家庭仍然拥有较其他家庭更多的资源，但积攒到捐纳所需财富的时间相应地被延长了。这一结论部分地说明了由于家族以及家庭财富和资源的限制，单纯家庭规模的扩张并不会引起族内职官数量的增加。

7.3.4 财富冲击、资源紧缺与族内职官的获得

为进一步证明财富与资源的聚集是影响族内成员成为职官的重要因素，本书在这一部分引入两类财富冲击：族的分裂和气候冲击。表 7.7 给出了财富冲击造成的资源紧缺对族内成员任职情况的影响，如果族提供的公共资源确实影响了族内成员的任职情况，那么分族以及气候冲击发生的时点会对族内成员的任职情况造成差异化的影响，那些在青年时期遭遇财富冲击的成员应当会受到更为明显的负面影响。

为验证这一点，除单纯引入族的分裂和气候冲击外，本节还利用冲击发生的时点进行了回归，回归结果如表 7.7 所示。

表 7.7 财富冲击对族内成员任职情况的影响

变量	(1) 是否获得官职	(2) 是否获得官职	(3) 是否获得官职	(4) 是否获得官职
是否经历分族（是=1）	-0.010** (0.005)	—	—	—
成年以前经历分族（是=1）	—	-0.011** (0.005)	—	—
是否经历水灾冲击（是=1）	—	—	-0.012*** (0.003)	—
成年前经历水灾冲击（是=1）	—	—	—	-0.014*** (0.003)
控制变量	是	是	是	是

续表

变量	(1) 是否获得官职	(2) 是否获得官职	(3) 是否获得官职	(4) 是否获得官职
控制出生年份	是	是	是	是
样本量	33 667	33 667	33 667	33 667
R^2	0. 067	0. 067	0. 067	0. 067

注：括号内报告的为标准误；*** $p<0.01$，** $p<0.05$，* $p<0.1$。

从回归结果可以看出，财富冲击显著地影响了成员的任职情况。比较表 7. 7 与基准模型的回归结果可以发现，财富冲击带来的影响比家庭规模造成的影响更大，并且，如果族内成员在成年之前就经历了资源紧缺的情况，他们成为职官的概率将更低。这一回归结果进一步说明了资源分配是决定族内成员能否成为职官的重要因素。这既说明了族可能起到了提供公共品和公共资源的作用，也说明了族拥有的财富水平决定了族内职官的数量。

7. 4 气候冲击下的资源分配与职官选任

前面两章通过对盛京地区人口生育行为的分析，证明了族内生育控制是应对气候冲击导致的资源紧缺的重要手段，而本章前三节的讨论，证明了族内资源分配是影响族内成员获得职官身份的重要因素。那么，在发生气候冲击以后，家庭生育控制造成的家庭规模的缩小是否通过维持家庭资源的稳定，保证了家庭现有资源仍然能够支撑该家庭培养出职官？还有，族内主动的生育控制是否能够促进资源向有望培养出职官的家庭倾斜？为验证气候冲击下生育控制的政治经济学影响，本节对以上两个问题进行分析。

7.4.1 基准模型设定

为验证生育控制有利于维持职官选任的假设，本节在这里使用交互项模型。由于是否进行生育控制对当时已获得官职的成员不会造成影响，本节主要针对在成年以前是否遭受洪水冲击的个体进行讨论。

模型设定如下：

$$positioin\_i = \alpha + \beta_1 young\_flood_i \times birthcontrol_i + \beta_2 young\_flood_i + \beta_3 birthcontrol_i + \beta_4 X_i + \beta_5 birth\_year_i + \varepsilon_i$$

其中，$young\_flood_i$ 代表个体 i 是否在成年以前遭受洪水冲击，$birthcontrol_i$ 代表个体 i 的家庭和族是否进行了人口控制，这里使用个体 i 所在的家庭和族的男性数量作为人口控制的代理变量，如果 i 所处的家庭或族的男性数量低于平均水平，本书认为该家庭或族进行了人口控制；反之则未进行人口控制。其他变量的设定与上一节的设定相同。

7.4.2 气候冲击下的家庭规模与职官选任

首先检验气候冲击发生后家庭规模对职官选任的影响，既检验核心家庭规模对职官选任的影响，同时也检验复合家庭规模，即同一支家庭中年龄相仿的男性数量对成员获得官职情况的影响。回归结果见表 7.8。

表 7.8 气候冲击下的家庭生育控制与职官选任

变量	(1) 是否获得官职	(2) 获得官职年龄	(3) 是否获得官职	(4) 获得官职年龄
家庭人口控制 × 成年前遭遇气候冲击	0.012*** (0.003)	−10.564** (5.200)	—	—
家庭人口控制	−0.011*** (0.002)	−1.645** (0.704)	—	—
本支人口控制 × 成年前遭遇气候冲击	—	—	0.004 (0.003)	0.576 (3.891)

续表

变量	(1) 是否获得官职	(2) 获得官职年龄	(3) 是否获得官职	(4) 获得官职年龄
本支人口控制	—	—	0.006** (0.002)	0.744 (0.647)
成年前遭遇气候冲击	-0.032*** (0.003)	3.044 (4.969)	-0.027*** (0.003)	-2.821 (3.522)
控制变量	是	是	是	是
常数项	0.018*** (0.004)	31.409*** (1.018)	0.015*** (0.004)	30.896*** (0.958)
样本量	33 667	1 081	33 667	1 081
R^2	0.064	0.034	0.064	0.024

注：括号内报告的为标准误；*** $p<0.01$，** $p<0.05$，* $p<0.1$。

从表 7.8 第（1）列的回归结果可以看出，与未遭受气候冲击的个体相比，遭受气候冲击会显著降低获得官职的概率。这与前文的结果一致，即气候冲击造成的家庭财富锐减会阻碍家庭成员获得官职。同样，来自规模较大家庭的个体更容易获得官职，因为家庭规模较大通常意味着该家庭较为富裕。但值得注意的是，当遭受气候冲击时，较小的家庭规模能够使得其中的男性占有更多的资源，能够缓解家庭财富流失对获得官职的负面影响。从表 7.8 第（2）列的结果中也能得到相似的结论。家庭中男性数量越少，在受到外来冲击后，男性获得职官身份的年龄越小。一方面，这可能是由于同龄男性的减少导致的；另一方面，考虑到年龄越小越有可能通过捐纳等手段得到职官身份，这意味着在冲击后减少生育的家庭更有可能将有限的资源全部投资在家庭中仅有的男性身上，保证家庭社会地位的稳定，甚至促进家庭社会地位的提升。

表 7.8 的第（3）和第（4）列检验了同一支中男性数量的变化对成员获得职官身份情况的影响。与前文的结果一致，某一支中的资源向某个家

庭倾斜，能够增加该家庭中产生职官的概率。因此，同一支中堂兄弟数量的减少有利于核心家庭中的男性获得职官身份，且会抵消掉气候冲击带来的不利影响。但堂兄弟数量的变化对获得职官身份的年龄没有显著的影响。

这一结果证明，有意识的生育控制能够为维持甚至提升家庭的社会地位带来积极作用，尽管气候冲击造成的资源紧缺对家庭培养或捐纳职官产生了负面影响，但家庭规模的缩小使得资源能够更集中地流向家庭中的某个男性。相较于未进行生育控制或规模较大的家庭，小规模家庭男性的人均财富水平提高了，这使得他们更容易获得职官身份。

7.4.3 气候冲击后的族内生育控制与职官选任

这里检验族规模的变动以及族内生育控制对职官选任的影响。上一章的结论认为，维持一个较大的规模有利于帮助族应对外来冲击，但这也意味着在出现气候冲击时族内会采取较为严格的生育控制手段。本章第 2 节对族谱的讨论，也发现族内较为普遍地存在着资源向某一房或某一支倾斜的现象。那么，气候冲击发生后，族内出现有意识的生育控制是否会帮助维持族内的官员数量？这里对气候冲击后族的规模变动以及族有意识的生育控制是否对族内成员获得职官身份产生影响进行分析。

上一章的分析认为，强势族内容易出现较为严格的生育控制行为，以保证族内资源的合理分配。因此，本节对族内生育控制手段的分析，首先直接使用族内同龄男性数量作为是否进行生育控制的代理变量，对族内同龄男性数量对族内成员职官身份的影响进行分析；如果气候冲击发生后族内同龄男性减少，则认为气候冲击后可能族内出现了生育控制等现象。结果见表 7.9 的第（1）和（2）列。进一步，将族特征作为对族内生育控制强度的代理变量进行分析，结果见表 7.9 的第（3）和（4）列。

表 7.9　气候冲击后的族内生育控制与职官选任

变量	(1) 获得官职	(2) 获得官职年龄	(3) 获得官职	(4) 获得官职年龄
族内同龄男性减少 × 成年前气候冲击	0.009** (0.003)	-13.938*** (3.372)	—	—
族内同龄男性减少	0.009*** (0.003)	-1.322* (0.746)	—	—
强势族 × 成年前气候冲击	—	—	0.001* (0.000)	-3.292 (3.887)
强势族	—	—	0.000 (0.002)	-1.645*** (0.624)
成年前气候冲击	-0.019*** (0.003)	15.511*** (1.135)	-0.026*** (0.004)	2.725 (3.670)
控制变量	是	是	是	是
常数项	0.005 (0.004)	31.445*** (1.107)	0.011*** (0.003)	29.600*** (0.999)
样本量	33 667	1 081	33 667	1 081
R^2	0.064	0.027	0.063	0.029

注：括号内报告的为标准误；*** $p<0.01$，** $p<0.05$，* $p<0.1$。

从回归结果可以看出，族规模的减少能够有效地抵消气候冲击带来的获得职官身份概率的降低。从对获得职官身份年龄的影响上看，气候冲击后族规模的减少能够保证族内有限的财富向有希望获得官职的男性身上聚集，提高了族中男性通过捐纳获得职官身份的可能。利用族长类型作为生育控制强度代理变量的回归得到了相似的结果，即族内生育控制从客观上保证了族内资源的合理分配，维持了族内男性获得官员的概率，在一定程度上意味着族的社会地位受到了保护。

7.5 结语

本章首先从资源分配的角度分析了族内职官在不同家庭中的分布，尽管没有明确的证据表明盛京地区存在明显的生育质量与生育数量之间的替换，但通过对族谱记录的分析和对微观人口数据的分析，本章证明了族内不同家庭资源分配的多寡以及资源和财富在某个家庭的聚集是影响族内成员获得职官身份的重要因素。

进一步，本章考察了发生气候冲击的条件下，家庭和族内生育控制的长期影响。存在生育控制的家庭在客观上保证了家庭中男性获得资源的数量尽量少地受到气候冲击的影响，家庭规模的减小以及族规模的减小有利于保证其中男性获得职官身份的概率，有利于维持家庭和族的社会地位。本章证明了家庭规模的控制对生育质量存在积极影响。

8 气候冲击下的盛京地方旗人管理：从基层行政组织到地方政府治理

本书前面几章对盛京地方旗人的基础社会组织——族进行了初步讨论，上一章更是着重讨论了族内官员的产生。由穆昆等发展而来的族，既是与宗族类似的社会组织，也是佐领这一基层行政组织之下的正式行政单位。从《李氏族谱》《辽阳吴氏族谱》等族谱数据看，族内官员大部分为领催、骁骑校等基层职官。那么，基层职官对地方政府治理有着怎样的影响？本章通过基层行政组织这一桥梁，将目光由基础社会组织转向地方政府。

尽管陶希圣（2015）已经对乡村精英以及士绅阶层在政府管理中起到的作用进行了全面描述，但盛京地区人员复杂，既有八旗驻防旗人，也有内务府下辖的非正身旗人，还有不断迁入的民人。在管理上采取了旗民分治的政策。在基层旗人的管理上，八旗驻防旗人起初在八旗制度下进行管理，后期逐渐编入社甲这一自治组织；内务府下辖非正身旗人则根据工作种类的不同，由所属粮庄、棉庄、盐庄等进行管理。另外，从基层组织的起源和发展上看，这一地区的基层组织仍然保留了一部分女真部落血缘、地缘与军事组织相交叉的遗存。尽管与中原地区的基层自治组织在管理上有相似之处，但盛京地区基层行政组织在旗、民管理上的割裂、部落遗存与州县管理的结合，都使其具有一定的特殊性。那么，基层行政组织对地方政府的治理能力有怎样的影响？本章就这一问题从两个方面进行研究：第一，基层职官由下而上地对地方政府的高级官员流动产生的影响；第二，通过对发生气候冲击时地方政府赈灾体系以及民间义赈的讨论，进一步研究气候冲击下盛京地方旗人的管理。

8.1 盛京地区基层组织的起源与发展

8.1.1 基层组织的起源

清代盛京基层行政组织是女真的遗存，穆昆、塔坦和牛录作为清代基层行政组织的几种形式，都是从血缘和地缘关系的族和部落发展而来的。在清入关之前，女真各部的军事行动和经济往来都以牛录为单位实现。“军则以各堡附近部落调送，十日相递云”“奴酋等各处部落例置屯田，使其部长掌治耕获。”[①] 根据周远廉（1982）的研究，“此时的牛录已成为努尔哈赤辖束的军政机构，又是女真——满族社会的基层组织”。

在女真时期，与牛录共存的行政组织形式还包括穆昆和塔坦。本书第4章已经对穆昆和塔坦的定义和起源进行了说明，随着女真各部的进一步发展壮大，穆昆与塔坦从带有鲜明血缘关系的部落逐渐发生演化。根据《满文老档》记载，女真各塔坦分别为努尔哈赤、额亦都等实力领袖所领。此时的穆昆和塔坦已经转变为带有血缘色彩的政权管理形式。

虽然此时的基层行政组织还有浓厚的军事色彩，但盛京地区的基层管理模式基本延续了这一方式。随着辽沈为努尔哈赤所占，盛京地区实行寓兵于农，计丁授田的政策，牛录开始演化为组织农业生产的基层单位。牛录额真开始负有了一定的经济职责，“上谕各牛录额真曰，田畴庐舍民生攸赖……至于树艺之法，洼地当种粱稗，高田随地所宜种之，地瘠须加培壅，耕牛须善饲养，尔等俱一一严饬。如贫民无牛者，付有力之家代耕，一切徭役宜派有力者。勿得累及贫民。如此，方称牛录额真之职”[②]。另外，牛录额真也开始拥有了司法职能，“上谕曰各牛录额真所属凡以粮食货人者……若二人相殴不直者……如人堕水救出者……如盗人鸡等类及斧

---

① 申忠一：建州纪成图记．1596年著，辽宁：辽宁大学历史学系，1979。

② 《清太宗实录》，天聪七年庚子，卷十三。

斤衣服细物，并囊金田稻场内柴草者……以上诸项俱令各该牛录额真即行审结”①。

由此看来，牛录额真负责牛录下人的经济生产、纠纷调解、搬家迁移等，职责已与县令十分接近。八旗制度下的基层组织由部落化的牛录作为起源，逐渐演变出与汉地相仿的组织形式。

8.1.2 清代盛京地区的基层组织

清代盛京地区在地方行政制度上，具有八旗驻防与州县相错杂的特点，而两套行政制度并行对旗人的管理增添了不小的难度。在清中期以前，盛京地区的基层管理制度主要以八旗管理体制为基础。佐领是八旗管理体制的基层行政组织长官，但随着八旗驻防人口的不断增加，佐领的管理稍显混乱，也逐渐打破了佐领不得移居的规定。雍正五年（1727 年）噶尔弼“盛京城内，所有驻防兵丁六千名，节年俱各搬移城外，或百里，或五六十里居住等语”②。盛京地区内务府下辖的粮庄、猎户、渔民等非正身旗人的管理也十分混乱，“山海关以至广宁，皇庄头三百有奇，止品笔贴式、领催等微末人员……以至交结匪类，粜卖官粮，渔利入已。……从前虽每年派卿员前往管辖庄头，因不实心办理，于地方并无裨益”③。

随着旗地买卖、旗人迁移，以及民人出关造成的旗民共居等现象的出现，传统的八旗制度难以维持一地的日常秩序。根据付永正（2020）的研究，界官制度成为八旗制度的补充，即将八旗驻防城周边村屯划分成数界，选派旗官或世职人员管理各界事务。界官一般由佐领、防御、骁骑校以及世职云骑尉等充任。

随着民人的不断增加，盛京地区各州县开始设置社、甲、乡约等基层组织对民众进行管理。且由于旗、民混居，乾隆五年（1740 年）经舒赫德奏请，始将旗人一体编入保甲组织，“应饬令无论旗民，一体清查，除

① 《清太宗实录》，崇德六年已未，卷五十四。

② 《清仁宗实录》，雍正五年乙巳，卷五十二。

③ 《清仁宗实录》，雍正元年丙子，卷八。

已入档者毋庸议外，其情愿入档者，取结编入档册，不愿入档者，好遂回原籍，该地方乡约，若隐匿不首，严究治罪。地方官失察，照例议处”①。“在基层治理上，旗民混居的地区，旗界内也设置了乡约。但民治机构下的乡约由民治厅、州、县管理；旗界内的乡约，直接上级则是界官。”（付永正，2020）简单来说，八旗界官在旗人的管辖上仍然有不可替代的作用。具体而言，八旗界官负责一界之内的行政、治安、司法、风气教化等事务。

8.2 盛京地方行政制度与满官的考评与流动

8.2.1 盛京的地方行政制度

盛京的地方行政组织呈现出旗民分治的特点，以八旗制度管理旗人，以州县管理体制管理民人。盛京驻防将军是盛京地区最高一级的地方行政长官，又是八旗驻防官兵的最高统帅。副都统本为将军佐官，后来派驻地方，“各守分地，以赞将军之治”，管理地方军政事务。佐领的定义较为复杂，既可指牛录，是八旗制度的单位，也可指牛录额真，即官职名。本书前几章始终将佐领视为八旗制度的基本单位，即八旗地方行政制度中的基层行政组织，上一节已经对盛京地区的基层行政组织进行了详细的说明。

奉天府府尹设于顺治十四年（1657 年），驻盛京，秩正三品。随着顺治十年（1633 年）鼓励移民垦荒，大量汉族移民前往盛京地区，为加强对汉人的管理，奉天府增设了下辖州县以及知府、知州、知县等行政长官。

8.2.2 清代盛京地区官员的考评与升迁

前几章已经对盛京地区官员的出身与铨选以及考评和升迁进行了说

① 《清高宗实录》，乾隆四十年十二月，卷九九八。

明，第 4 章侧重于对历史背景的交代。本章再次回叙官员考评，则是为了进一步讨论生育控制与家庭规模变动带来的更为深远的政治经济学影响。由于盛京地区满官多来自本地，本章尝试构建起基层职官与上级满官之间的政治关联，探讨这种关联对上级满官流动性的影响。

8.3 实证分析：基层职官对高级满官流动性的影响

为进一步讨论盛京地区基层职官对高级满官选任的影响，本节利用《缙绅录》等数据进行实证分析。仅对满官进行讨论的主要原因在于，盛京地区的汉官选任仍然遵循回避制度，即汉官需从他处选任，而盛京地区的满官却可以是土著旗人，即满官更可能与本地基层职官构建起更为紧密的联系。本节利用实证数据建立起高级满官与基层职官的关联，并检验与基层职官的关联对高级满官流动性的影响。

8.3.1 数据来源

官员数据来自清代缙绅录量化数据库。目前，清代缙绅录量化数据库仅开放了 1900—1911 年的官员数据信息。清代缙绅录量化数据库既包含官刻本数据（《爵秩全览》），也包含坊刻本数据（《职官录》《缙绅全书》）。为保证数据的准确性，本书只保留了官刻本数据（由于 1910 年和 1911 年官刻本数据缺失，这两年数据来源自坊刻本《职官录》）。通过使用清代职官年表和中国历代人物传记资料库（CBDB）对重复数据和存疑数据进行清洗后，保留了盛京地区 25 名五品以上职官从 1900 至 1911 年的 317 条缙绅录数据，以此对高级满族职官的任期长短以及职位变动进行分析。经过对任期和职位变动的进一步整理与计算，最终获得了 133 条官员动态变化数据。

官员品级数据来自《清史稿 · 职官》，缙绅录数据库中官职名称前往往附加“赏戴花翎”“赏头品顶戴”等赏赐级别，为简化研究，官员品级按照实际官职计算。

8.3.2 变量选择和描述性统计结果

为体现盛京地区地方高品级官员的动态流动情况，本书选取了两个变量进行研究：官员的任期长短和职级变动。

其中，任期长短指某一官员在某一职位上开始任职的时间与结束任职的时间。在时间间隔的计算上，为简化计算，如果该官员在某职位上的任期小于等于两个季度，即于某年的春季开始在该职位上任职，在同年的秋季结束该职位的任职或任职不足两个季度，任期按 0.5 年计；对于任期超过两个季度但不足一年的情况，任期按一年计。

职级变动是指某一官员的当前职位与前一职位的品级差距。

为建立高级满官与基础职官之间的关联，本节使用满官与基础职官是否同旗构建这一变量。另外，由于盛京地区选官的特殊性，高品级职官的官缺均属题缺，即铨选需要由内阁和吏部开列合适人员名单，由皇帝最终决定官员人选；各厅同知等职亦属题缺。本节在回归中加入了职官与时任京师内阁大学士、总理大臣以及吏部主官的关联变量，以及各厅佐官与主官的关联变量。关联变量表示某官员是否与主官同年科考或是否与主官有共同的出生地或旗分。

鉴于出身和民族身份对官员的任职和调转均有影响，本节加入了官员出身二值变量，将官员出身区分为进士、举人、贡生、荫生、监生和生员，同时，对官员是否为皇族进行了区分，设置了宗室/觉罗二值变量。

变量的描述性统计结果见表 8.1。

表 8.1 变量描述性统计

变量名称	样本量	均值	Std. Dev.	最小值	最大值
是否升职（是=1）	133	0.105	0.308	0	1
任职时间	52	4.519	2.562 6	0	10
同旗基层职官比例	133	0.079	0.076	0	0.348
与内阁和吏部关联	133	0.105	0.308	0	1

续表

变量名称	样本量	均值	Std. Dev.	最小值	最大值
与部门主官关联	133	0.797 3	0.403	0	1
宗室（是=1）	133	0.368 1	0.484	0	1
监生	133	0.060 5	0.238	0	1
举人	133	0.022	0.149 0	0	1
进士	133	0.398	0.491	0	1

8.3.3 模型设定与回归结果

为了估计与基层官员的关联对高级满官任期长度和职级变动的影响，设定模型如下：

$$\Delta position\_change_i = \alpha + \beta_1 grassroots\_connection_i + \beta_2 central\_connection_i + \varepsilon x_i + \theta$$

其中，$\Delta\ position\_change_i$ 代表某一官员的职位动态变化情况，$grassroots\_connection$ 表示其与所在部门基层官员的关联程度，$central\_connection_i$ 表示其与中央以及部门主官的联系，x_i 包括了出身以及是否为皇族等个人特征。基础回归结果如表 8.2 的第（1）第（2）列所示。

为明确基层组织对高级职官流动性的变化，本书保留了与八旗制度紧密相关的盛京将军、副都统的子样本，回归结果见表 8.2 第（3）列和第（4）列。

表 8.2 基础回归结果

变量	（1）	（2）	（3）	（4）
	升职	在任时间	升职	在任时间
	全样本		八旗职官子样本	
部门同旗基层职官比例	-0.183	-8.673	0.493**	-10.677*
	（0.162）	-5.147	（0.202）	（9.064）

续表

变量	(1)	(2)	(3)	(4)
	升职	在任时间	升职	在任时间
	全样本		八旗职官子样本	
与中央关联	-0.003 (0.042)	-1.803 (1.130)	0.060 (0.046)	2.423 (1.730)
与部门主官关联	0.016 (0.031)	-1.318 (0.835)	-0.039 (0.033)	-0.898 (1.402)
个人特征控制变量	是	是	是	是
常数项	0.046 (0.040)	7.370*** (1.108)	0.017 (0.043)	3.682* (1.963)
样本量	133	52	71	23
R^2	0.061	0.238	0.133	0.247

注：括号内报告的为标准误；*** $p<0.01$，** $p<0.05$，* $p<0.1$。

全样本回归结果表明，盛京五部中各部门基层官员与高级官员的关联对高级官员的流动性无明显影响；但在八旗体系中，盛京将军与副都统与下辖佐领等基层官员存在关联，有利于八旗高级职官的晋升。由上述结果可见，盛京五部高级职官的下辖官员以主事、笔帖式等职位为主，这些官员与基层行政体系联系较为有限；相比之下，八旗职官下辖的佐领等基层官员，则是八旗基层职官——界官的重要来源。这一差异表明，高级官员若与基层行政组织保持紧密联系，可能更有利于其晋升。从官员考绩的内容上看，与基层行政组织关系紧密可能会为高级职官在税收、治安、风气教化等方面带来便利。遗憾的是，由于数据所限，本书无法在实证上对这一假设进行检验。

8.3.4 进一步讨论

上一节的讨论认为，实证结果证实了与基层职官联系紧密有利于高级职官的晋升。但这一结论可能会在回归分析中存在反向因果问题：在基层职官的选拔上，高级职官具有很强的话语权，盛京驻防将军完全可以左右所辖旗官的选任与升降，因此，部门内同旗职官比例的增加很可能是高级职官到任后着意选拔的结果。

为解决这一问题，本书进行了两方面的分析。

首先，盛京地区的基层八旗职官中有大量是世袭职官。以佐领为例，清代佐领一直是一个世袭罔替的职位，根据任玉雪（2004）的研究，佐领一职并不会随着上峰的流动而变化。所辖同旗职官比例的升高更可能是高级职官前往同旗佐领所辖旗地的结果。为验证这一点，本书以缙绅录量化集成数据库中记载的镇守兴京副都统灵熙以及墨麒为例进行了简单研究，分析了二人在任期间以及上任之前下辖同旗官员人数的变化。墨麒的旗分为正白旗，他于 1910 年任镇守兴京副都统，在此之前，兴京副都统下辖佐领等共 7 名为正白旗，但在他上任以后，下辖正白旗佐领人数下降为 5 人。而灵熙属正蓝旗，在其任内的 1900 年到 1905 年 5 年内，下辖佐领无一人为正蓝旗。尽管数据有限，但这一地区的数据说明同旗佐领比例的变动似乎并非高级旗官选拔的后果。

随着东北三将军改设行省，基层旗官随旗署一同被裁撤。在这一阶段，虽然仍然保留了八旗界官，但他们在基层事务的管理上已无多大权力。因此，本书将分析的时间进行了划分，然后对旗制改革前和旗制改革后的样本分别进行了回归。回归结果如表 8. 3 所示。

表 8. 3　区分旗制改革前后的回归结果

变量	（1）	（2）	（3）	（4）
	旗制改革前		旗制改革后	
	升职	在任时间	升职	在任时间
下辖同旗官员比例	1. 192*	−21. 000	0. 142	6. 10
	（0. 646）	（0. 000）	（0. 196）	（7. 870）
与中央关联	0. 130	3. 164	0. 130*	−13. 767***
	（0. 083）	（0. 000）	（0. 073）	（1. 136）

续表

变量	(1)	(2)	(3)	(4)
	旗制改革前		旗制改革后	
	升职	在任时间	升职	在任时间
常数项	-0.145*	5.000	0.130***	-10.690***
	(0.080)	(0.000)	(0.043)	(1.354)
样本量	18	4	53	19
R^2	0.309	1.000	0.267	0.941

注：括号内报告的为标准误；*** $p<0.01$，** $p<0.05$，* $p<0.1$。

从回归结果中可以看出，旗制改革前，八旗高级职官与基层旗官的关联对高级职官的流动性有积极的影响，但旗制改革后，这一影响让位于高级职官与中央政府的关联。这一回归结果进一步说明与基层行政组织关系紧密可能有利于高级官员的晋升，随着八旗佐领等失去管理基层旗人的权力，这一积极影响也就不复存在了。

8.4 基层职官与地方精英的基层治理：以民间义赈为例

第4章已经对地方政府的救灾系统做了简述，而地方政府的救济手段主要依靠基层职官来推行。以八旗界官为例，赈务是界官十分重要的一项职责。发生灾害冲击后，界官需查报界内旗地受灾情况并协助组织界内旗民分领赈灾粮石事宜。旗地遭受各类灾害，界官最先知晓灾情程度，且要详细汇报地亩与收成受损情况以及人员与房屋受灾情况，进而逐级上报。

基层旗官赈务能力的高低，直接影响了地方政府的救灾效果。光绪二十二年（1896年），根据依克唐阿等的奏报，牛庄界官的失职造成了大量灾民未能及时统计入册，也未能得到及时的救助，“奴才等伏查奉天滨海近河等区……被灾贫户男妇大小旗民共十二万六千一百八十九名口，实于新民厅册内漏去三千名口。且其时牛庄各旗界官造册未到，所有该处受灾旗民数目未经核入……”（水利部水管司，1998）。

李文海（1993）认为，“直至光绪初年，随着社会政治生活和经济生活的新的变化，才开始兴起了一种民捐民办、即由民间自行组织劝赈、自行募集经费，并自行向灾民直接散发救灾物资的义赈活动”。随着政府救灾系统的失灵，民间社会自发地组织和兴办多种义赈活动，成为政府救灾系统的补充。

面对灾荒频发的社会现实，地方精英常常加入地方社会的灾荒赈济中。《辽中县志》记载：“徐镜蓉，字贡南，清文庠生……光绪戊子年秋涝为灾，房屋倒塌，户鲜盖藏，与驻扎丁哨官福堂商，雇大船尝赴戴家房一代急救男女难民数千，每日施食小米粥两次，半月余用款均系自备。时丁哨官感其仁慈，始以上项费用捐认其半。”

很多时候，义赈并非完全由民间自治组织完成，而是由地方政府牵头，组织基层精英与地方政府共同赈灾，一方面缓解政府赈济压力，另一方面也能够表现政绩。地方官员召集、组织地方乡绅富户捐款捐粮赈济灾民。《铁岭县志》记载，“宣统三年秋霪雨成灾全境之田淹没过半，大饥……知县徐麟瑞召集县议事会城厢自治会合并条议办法以赈济之。当经议定核准，凡地方为被灾之区，每种地十亩之户捐红粮二升，名曰额捐，其不种地之户与种地已纳额捐外再行捐助者名曰特捐，又由县属拨给罚款洋银七十二元，西三乡募集洋二十元，县议事会各议员捐助洋一百六十元，再以额捐特捐各粮共得红粮两千零三十五石七斗八升。由县知事商同各乡董佐等照章发放……”

从史料的记载中可以看出，地方精英与基层职官在赈灾系统中起着十分重要的补充作用。作为基础社会组织中的领导者，地方精英在赈灾系统中是地方政府与灾民之间的沟通桥梁，在政府和基层社会之间形成了相对稳定的自治形态。

8.5 结语

本章将盛京地区的基础社会组织和最基本的行政单位与地方政府通过八旗系统下的基层行政组织这一桥梁联系起来，分析了盛京八旗制度下旗人的管理模式。来自本地的基层旗官自下而上地影响了上级旗官的流动。作为基层旗官集团的成员和后备军，族内取得功名和官职的核心家庭成员能在一定程度上影响地方政府政令的施行以及地方行政长官的流动，能在一定程度上为其代表的家族争取到相应的利益和地位。但基层精英与地方政府之间更多的是互利互惠的关系，在基层社会的治理上，这类核心家庭成员起着沟通调停旗人和地方政府关系，补充地方职能的作用。尽管由于数据的缺乏，本节的分析逻辑链条尚不够完整，但已说明旗人家族与家庭之中的基层职官在维持当地社会秩序和政府统治都起了一定作用。政府的政令下达与落实影响了家庭层面的生育决策，而家族与家庭在资源匮乏的前提下做出的种种选择也反过来影响了政府的治理能力。本章结论恰恰是“水能载舟，亦能覆舟”的一种表现。

9 结论与历史研究的现代启示

9.1 主要结论和研究贡献

本书从清代晚期气候变化导致的灾害冲击，透视这一时期的社会变迁；通过研究气候变化与人口健康行为、社会行为与政治行为诸场域之间的互动关系，从微观层面认知气候变化所造成的影响；采取量化研究方式，利用相对完整的清代辽宁人口与官员数据，建立比较完整和连续的信息链；讨论了在晚清这一特定历史时期下，当环境、社会与个人同时进入极限情境时，环境变动、个人生活世界与社会变迁之间的关系。

9.1.1 主要结论

本书通过对微观历史数据的重建和实证分析，得到了以下结论。

第一，清中后期频繁发生的气候冲击确实对人口的婚育行为造成了影响，但盛京地区的微观人口数据证明，气候冲击并不会造成人口死亡概率的明显上升，并且对人口的健康水平并没有造成直接影响。换言之，盛京地区的气候冲击并未造成对这一地区人口增长的“现实性抑制”。这一影响主要通过家庭内部有意识地人口控制实现。家庭在应对气候冲击时，会通过延迟婚育时间来减少家庭生育率。

第二，作为八旗制度下的基础社会组织，族能够起到提供公共品和公共资源的作用，且族的类型会对族内成员生育行为产生影响。不同规模的族之间生育水平存在着差异，这一差异与族的类型相关，即越不容易发生分裂的族，其中成员的生育水平越高。这一差异部分可以通过族提供公共品的能力进行解释。处于规模大、内部家庭数量稳定族之内的个体，更容易利用族的公共财富养育子女；而在婚育期之前经历了族的分裂，或生活在较小规模族内的个体，则可能由于公共财富的不同而具有少生育的倾向。不同规模的族之间，生育控制的能力也存在着差异。规模越大，越不容易发生分裂的族控制人口的能力也越强。通过比较族长控制人口的治理成本发现：在规模较大、分裂可能较低的族内，即使控制人口的成本较高，族内成员也可能选择进行生育控制；而在规模较小，分裂可能较高的族内，族内成员不会进行人口控制。

当发生气候冲击时，族内家庭的生育行为不仅受到了外来冲击的影响，也表现出由族特征引起的差异化行为。在规模较大、分裂可能较低的族内生活的成员具有更强的人口控制意愿，族内个体的生育行为会更加明显地受到气候冲击的影响，表现出明显的婚育时间延后以及生育水平降低。

第三，家庭和族所掌握的资源和财富而非规模，决定了其中职官的数量，在资源稀缺的前提下，生育控制从客观上保证了族内职官数量的稳定。尽管盛京地区的人口数据没有表现出明显的生育质量与生育数量之间的替换，但通过对族谱记录和微观人口数据的分析，族内不同家庭资源分配的多寡以及资源和财富在某个家庭的聚集，是影响族内成员获得职官身份的重要因素。

进一步，在发生气候冲击的条件下，存在生育控制的家庭在客观上保证了削弱气候冲击对家庭中男性获得资源数量的负面影响，家庭规模的减小以及选择不扩大族规模有利于维持族内男性获得职官身份的概率，并维持家庭和族的社会地位。

第四，尽管盛京旗人的管理模式存在一定的特殊性，但在八旗制度下，基层旗官与乡村精英同样对地方政府的管理产生了影响。首先，来自本地的基层旗官自下而上地影响了高级旗官的流动；其次，在管理上，地方政府政令的下达与落实都需要基层旗官的积极参与；最后，在基层社会的治理上，来自当地的基层旗官起到了沟通、调停旗人和地方政府之间关系，补充地方职能的作用。

9.1.2 主要贡献

本书有如下贡献：

第一，拓展了区域灾害史的研究范围。本书将盛京地区作为研究重点，丰富了这一领域的学术研究。东北地区在晚清时期具有特殊性：一方面，同样受到频发的自然灾害冲击；另一方面，为缓解华北地区的灾情并安置灾民，清廷在19世纪后期逐渐允许汉民进入东北地区，导致这一时期的人口大量增加。尽管有部分研究表明，晚清气候变化导致东北地区的复垦及土地开发，但尚未有详细针对该地区的人口及社会变化情况的研究。本书填补了这一研究空白，为了解东北地区在晚清时期的特殊历史背景提供了新的视角和数据支持。

第二，为中国传统社会人口控制的讨论提供了新的实证证据。本书通过对盛京地区的研究，进一步探讨了传统社会是否存在人口控制机制，同时也提出了新的解释机制，阐释了族这一基础社会组织在实现人口控制方面的作用。本书的研究不仅揭示了群体在灾害应对中的生物性反应，还反映了其社会性应对策略，提供了丰富的实证材料和理论支持，深化了对中国传统社会人口控制问题的理解。

第三，分析了人口控制与家庭规模缩小的政治经济学后果。本书通过对盛京地区精英旗人在族内分布的研究，证明了家庭拥有的资源数量而非家庭规模是基层精英旗人培养的主要影响因素，并深入讨论了八旗制度下乡村精英对地方治理的影响。这不仅弥补了对八旗制度下基层精英研究的不足，还拓宽了对政府治理能力的考察范围。本书的研究表明，资源的分配与利用是影响社会精英形成和发展的关键因素，从而为理解晚清社会的政治经济结构提供了新的视角。

本书对盛京地区晚清时期的详细考察，不仅丰富了区域灾害史的内容，还为中国传统社会的人口控制及其政治经济学后果提供了新的见解。通过本书这些研究，不仅填补了现有学术研究的空白，还为未来的研究提供了重要的参考和借鉴，为更深入理解中国历史上的人口与社会变迁至少在一些方面奠定了坚实的基础。

9.1.3 研究的不足

然而，本书还存在一些不足。

第一，在数据获取方面并没有找到新的史料和足够的数据，使得一些更深入的结论没能得出或发现。例如，缺乏晚清时期盛京地区民乱的数据，因而对气候冲击下政府应对不足引发的社会动荡无法进行计量检验，使得这一逻辑链条缺乏数据的支持；此外，由于晚清官员数据的不足，本书仅讨论了光绪中后期至宣统的官员变动情况，但在这一时期，因种种原因，中央政府已基本失去了对地方政府的控制能力，数据的缺乏使得在这一阶段的分析中难以准确描绘政府能力的变动情况；还有，由于作者能力有限，未能将古地图数字化处理，因而在对水患冲击的分析中缺少了空间地理计量分析，留下了很大的遗憾。

第二，本书是基于数据的合理化推测，正如武雅士等（Wolf et al.，1980）所提出的，“生育行为晚开始、早停止、长间隔的特点，并不能直接证明有意识的生育控制的存在，很有可能是由生存压力下的营养不良、外出佣工所导致的”。在对家庭以及基础社会组织行为的分析中，本书还缺少对家庭和家族财富水平的分析，未能完整建立起气候冲击—财富冲击—生育行为变动的逻辑链。

第三，盛京地区的家庭制度和族制度都具有一定程度的特殊性，盛京地区的家庭人口行为并不能代表传统农业社会中国全部家庭的情况。在盛京地区适用的结论可能并不能推广至晚清时期的全中国。

显然，本书的不足之处都可以作为未来进一步研究的方向。随着清代官员数据库的逐步完善和开放，今后能够更深刻地讨论政治制度和官僚任用制度的变动。另外，本书主要涉及盛京地区的旗人家庭，清代各省的满族人口比例是影响农民战争、社会动荡、民教冲突的关键因素。如果以后能将清代的民族和宗教问题引入讨论，可能会得到更为有趣的结论。

9.2 历史研究的现代启示

本书虽然是针对中国清代，但是现代社会和清代有相似之处，现代社会气候冲击发生之频繁与清晚期也有相似之处。随着全球气候变化的加剧，气候冲击的形式更为多样，气候冲击的影响更为复杂。尽管目前家庭的生育模式以及人口的变化趋势已经与传统农业社会有很大不同，家庭、社会和国家抵御风险的能力也大大加强，但气候变化以及极端气候冲击对农业经济、劳动力市场以及经济增长等方面的影响仍然十分复杂且巨大。

因此，由以上结论可以得到下面的启示。

首先，无论是家庭还是家族，在面对气候冲击时的应对能力依然有限，因此政府在救灾中的角色显得尤为重要。有效的政府救灾系统必须具备以下几个关键特征：一是救灾反应的及时性。及时的反应可以最大程度地减少灾害对人民生活和财产的影响，迅速开展的救援工作能够及时提供食物、水、医疗救助等基本生活保障。二是救灾系统的覆盖面，能够确保每一个受灾的家庭和个人都获得救助，不因为地域偏远或信息不通畅而被忽略。三是救灾措施的有效性，包括物质层面的灾后重建、稳定物价、保证粮食供应等方面，以及精神层面的稳定灾民信心、号召灾民团结等方面。在此基础上，政府的执政能力，特别是基层官员的执行力和责任心，都是抵御气候冲击的重要保障。只有确保每一个环节的工作都能高效运转，才能有效应对灾害，维护社会稳定。政府不仅要在物质层面提供充足的救援资源，还要在精神层面给予灾民信心，鼓励他们在灾后重建家园。

其次，现代社会中，气候冲击对人们的身体健康、精神健康及幸福感水平产生的长期影响不容忽视。例如，极端天气事件可能导致死亡人数的增加、儿童营养不良比例上升，儿童时期经历气候冲击可能对成年后的健康水平甚至教育水平产生负面影响。研究表明，童年时期的营养不良和生活环境的恶劣会对一个人的一生产生深远的影响，甚至会影响到下一代的健康和教育水平。这些问题虽然不能完全归因于气候冲击，但气候变化无疑是重要的影响因素之一。

尽管低生育率问题不能单纯用气候冲击导致的粮价上涨、资源稀缺、居住条件恶化等原因解释，但延续五千年的传统农业社会对中国家庭带来的文化记忆是无法磨灭的。这种文化记忆深刻影响了家庭的生育决策和应对策略。面对现代气候变化的挑战，研究历史上的应对经验和教训对今天的我们有着重要的启示意义。

在现代社会，面对气候变化和极端气候事件时，我们不仅需要加强应对和救援措施，还需要从更宏观的角度思考如何促进人口的高质量发展。这包括以下几个方面。

（1）提升教育质量。气候变化对儿童教育的影响不可忽视。政府和社会应加大对教育的投入，确保每个儿童在遭受气候冲击后仍能接受高质量的教育。这不仅有助于提高个人的抗风险能力，也可为社会培养更多的高素质人才。

（2）改善医疗服务。气候变化对人类健康的长期影响需要得到充分重视。政府应加强公共卫生基础设施建设，提高医疗服务的覆盖面和质量，尤其是在偏远和易受灾地区，确保人们在灾后能够迅速获得必要的医疗服务。

（3）促进就业和经济发展。气候变化可能会对农业和相关产业造成冲击，影响劳动力市场。政府应通过制定和实施积极的就业政策，促进多元化经济发展，增加就业机会，提高人民的收入水平，从而增强社会的整体抗风险能力。

（4）强化社会保障体系。健全的社会保障体系是抵御气候变化冲击的重要保障。政府应完善养老、医疗、失业等社会保障制度，确保在气候灾害发生时，人们能够获得必要的经济支持和保障，减轻灾害对生活的冲击。

（5）推动绿色发展。面对气候变化带来的长期挑战，推动绿色发展、实现可持续发展是根本解决之道。政府应积极推进环保政策，鼓励绿色技术创新，推广绿色能源和绿色产业，减少对环境的负面影响，从源头上减少气候变化带来的风险。

因此，本书希望借助对清代社会气候冲击与生育行为的研究，探寻现代社会气候挑战与生育决策之间可能存在的关联。通过这样的研究，不仅可以加深对历史的理解，还能为现代社会应对气候变化提供宝贵的经验和教训。历史研究可以为现代政策制定提供参考，帮助社会在面对气候变化时更加从容应对，保障人民的福祉和社会的稳定。

总之，面对气候变化带来的挑战，政府必须加强防灾减灾救灾工作，确保政策措施的有效性和覆盖面。同时，社会各界也应积极参与，共同应对气候变化带来的影响，推动社会的可持续发展。以习近平同志为核心的党中央高度重视防灾减灾救灾工作，始终强调将人民群众的生命安全放在首位。现代中国在政府救灾中已经交出了一份令人满意的答卷。我们也应该继续努力，进一步提升应对气候变化的能力，确保人民的福祉和社会的稳定，促进人口的高质量发展。

参考文献

［1］曹树基，陈意新．马尔萨斯理论和清代以来的中国人口：评美国学者近年来的相关研究［J］．历史研究，2002（1）：41-54.

［2］曹树基．中国人口史［M］．上海：复旦大学出版社，2000.

［3］车群，曹树基．清中叶以降浙南乡村家族人口与家族经济：兼论非马尔萨斯式的中国生育模式［J］．中国人口科学，2011（3）：42-53，111.

［4］陈必佳，康文林，李中清．清末新政前后旗人与宗室官员的官职变化初探：以《缙绅录》数据库为材料的分析［J］．清史研究，2018（4）：10-20.

［5］陈宽强．清代捐纳制度［M］．台北：中国台湾三民书局，2014.

［6］第一历史档案馆．光绪朝朱批奏折［M］．北京：中华书局，1995.

［7］第一历史档案馆．满文老档［M］．北京：中华书局，1990.

［8］第一历史档案馆．雍正朝汉文朱批奏折汇编［M］．杭州：江苏古籍出版社，1991.

［9］定宜庄，郭松义，李中清，等．辽东移民中的旗人社会［M］．上海：上海社会科学院出版社，2004.

［10］方修琦，侯光良．中国全新世气温序列的集成重建［J］．地理科学，2011，31（4）：385-393.

［11］福格．听雨丛谈卷五［M］．北京：中华书局，1984.

［12］付永正．清代东北八旗界官研究［J］．清史研究，2020（2）：26-44.

［13］高建国．灾害学概说［J］．农业考古，1986（1）：281-297.

[14] 光绪朝捐纳则例 [M]. 北京：文海出版社影印，1982.

[15] 胡祥雨. 清末新政与京师司法官员的满汉比例（1901—1912）：基于《缙绅录》数据库的分析 [J]. 清史研究，2018（4）：21-35.

[16] 黄世芳修，陈德懿纂. 铁岭县志 [M]. 台北：成文出版有限公司，1975.

[17] 李伯重. "道光萧条"与"癸未大水"：经济衰退、气候剧变及19世纪的危机在松江 [J]. 社会科学，2007（6）：173-178.

[18] 李楠，林矗. 太平天国战争对近代人口影响的再估计：基于历史自然实验的实证分析 [J]. 经济学（季刊），2015，14（4）：1325-1346.

[19] 李楠，甄茂生. 分家析产、财富冲击与生育行为：基于清代至民国初期浙南乡村的实证分析 [J]. 经济研究，2015（2）：148-160.

[20] 李文海. 晚清义赈的兴起与发展 [J]. 清史研究，1993（3）：27-35.

[21] 李洵，赵德贵. 钦定八旗通志 [M]. 长春：吉林文史出版社，1998.

[22] 李中清等. 人类人口的四分之一 [M]. 北京：生活·读书·新知三联书店，2000.

[23] 李中清，康文林. 中国多代人口追踪数据库，辽宁（CMGPD-LN）1749—1909 [EB/OL]. Ann Arbor, MI: Inter-university Consortium for Political and Social Research [distributor], 2011-09-02. doi: 10.3886/ICPSR27063.v6.

[24] 梁若冰. 气候冲击与晚清教案 [J]. 经济学（季刊），2014（13）：1557-1584.

[25] 辽宁省档案馆. 清代三姓副都统衙门满汉文档案选编 [M]. 沈阳：辽宁古籍出版社，1996.

[26] 刘永刚，胡鹏. 浅论清代灾荒与政府行为 [J]. 哈尔滨学院学报，2005（3）：106-109.

[27] 彭希哲，侯杨方. 1370—1900年江南地区人口变动与社会变迁：

以江阴范氏家族为个案的研究［J］. 中国人口科学，1996（3）：11-18.

［28］钦定大清会典［M］. 台北：新文丰出版股份有限公司，1977.

［29］钦定大清会典事例［M］. 台北：新文丰出版股份有限公司，1977.

［30］清朝通典［M］. 杭州：浙江古籍出版社，1988.

［31］清朝文献通考［M］. 杭州：浙江古籍出版社，1988.

［32］清实录［M］. 北京：中华书局影印本，1985-1987.

［33］任玉雪，陈必佳，郝小雯，等. 清代缙绅录量化数据库与官员群体研究［J］. 清史研究，2016（4）：61-77.

［34］任玉雪. 清代东北地方行政制度研究［D］. 上海：复旦大学，2004.

［35］邵汉明，王建朗，编. 南满洲铁道株式会社社史资料汇编（全五十册）［M］. 北京：国家图书馆出版社，2018.

［36］史晋川，丁峰. 中国传统家庭的子女结构与教育产出：基于清代辽宁人口普查数据的实证研究［J］. 浙江大学学报（人文社会科学版），2020，50（3）：209-222.

［37］水利电力部水管司，水利电力科学院. 清代辽河、松花江、黑龙江流域档案史料［M］. 北京：中华书局，1998.

［38］陶希圣. 中国社会之史的分析［M］. 北京：商务印书馆，2015.

［39］王业键，黄莹珏. 清代中国气候变迁、自然灾害与粮价的初步考察［J］. 中国经济史研究，1999（1）：5-20.

［40］王业键. 清代经济史论文集：二［M］. 台北：稻乡出版社，2003.

［41］王跃生. 十八世纪中后期中国的家庭结构［J］. 中国社会科学，2000（2）：167-177.

［42］温克刚. 中国气象灾害大典：辽宁卷［M］. 北京：气象出版社，2005.

［43］翁同爵，李红英辑考. 翁同爵家书系年考［M］. 南京：凤凰出

版社，2015.

［44］徐维怀修，李植嘉纂．辽中县志［M］．台北：成文出版有限公司，1975.

［45］燕红忠，卫辛．科举教育、捐官制度与官员晋升：基于清代官员履历档案的实证研究［J］．财经研究，2016（11）：4-18.

［46］于春英．清代东北地区水灾与社会应对研究（1644—1911 年）［D］．长春：东北师范大学，2012.

［47］赵尔巽，柯劭忞．清史稿［M］．北京：中华书局，1977.

［48］赵红军．气候变化是否影响了我国过去两千年间的农业社会稳定?：一个基于气候变化重建数据及经济发展历史数据的实证研究［J］．经济学（季刊），2012，11（2）：691-722.

［49］赵红军，尹伯成．公元 11 世纪后的气候变冷对宋以后经济发展的动态影响［J］．社会科学，2011（12）：68-78.

［50］赵英兰．清代东北人口社会研究［M］．北京：社会科学文献出版社，2011.

［51］中国第一历史档案馆，中国社会科学院历史研究所译注．满文老档：全二册［M］．北京：中华书局，1990.

［52］周远廉．关于八旗制度的几个问题［J］．清史论丛，1982（3）.

［53］竺可桢．中国近五千年来气候变迁的初步研究［J］．气象科技资料，1973（1）：2-23.

［54］ALDERMAN H，HODDINOTT J，KINSEY B. Long term consequences of early childhood malnutrition［J］. Oxford Economic Papers-New Series，2006，58（3）：450-474.

［55］ALMOND D，MAZUMDER B. The 1918 influenza pandemic and subsequent health outcomes：An analysis of SIPP data［J］. The American Economic Review，2005，95（2）：258-262.

［56］BAI Y，KUNG J K. Climate shocks and Sino-nomadic conflict［J］. The Review of Economics and Statistics，2011，93（3）：970-981.

[57] BARCLAY G W, COALE A J, STOTO M A, et al. A reassessment of the demography of traditional rural China [J]. Popul Index, 1975, 42 (4): 606-635.

[58] BECKER G S. An economic analysis of fertility [M]. In: Demographic and economic change in developed countries. New York: Columbia University Press, 1960.

[59] CAMPBELL C D, CHEN B, REN Y et al. China government employee database-qing (CGED-Q) Jinshenlu 1900-1912 public release [DB/OL]. DataSpace @ HKUST, 2019. https://doi.org/10.14711/dataset/E9GKRS.

[60] CAMPBELL C D, LEE J Z. Kin networks, marriage, and social mobility in late imperial China [J]. Social Science History, 2008, 32: 175-214.

[61] CAMPBELL C D, LEE J Z. Villages, descent groups, households, and individual outcomes in rural Liaoning, 1789-1909 [C] //BENGTSSON T, MINEAU G P, eds. Kinship and demographic behavior in the past. Dordrecht: Springer (International Studies in Population, vol 7), 2008: 73-101.

[62] CAMPBELL C, LEE J. Kinship and the long-term persistence of inequality in Liaoning, China, 1749-2005 [J]. Chinese Sociological Review, 2011, 44 (1): 71-104.

[63] CARUSO G. D. The legacy of natural disasters: The intergenerational impact of 100 years of disasters in Latin America [J]. Journal of Development Economics, 2017, 127: 209-233.

[64] CARUSO G D. The legacy of natural disasters: The intergenerational impact of 100 years of disasters in Latin America [J]. Journal of Development Economics, 2017, 127: 209-233.

[65] CHANG C. The income of the Chinese gentry [M]. Seattle: University of Washington Press, 1962.

[66] CHEN Q. Climate shocks, state capacity and peasant uprisings in North China during 25-1911 CE [J]. Economica, 2015, 82 (326): 295-318.

[67] CONEUS K, SPIESS C K. The intergenerational transmission of health in early childhood—Evidence from the German Socio-Economic Panel Study [J]. Economics and Human Biology, 2012, 10 (1): 89-97.

[68] COOK C J, FLETCHER J M, FORGUES A. Multigenerational effects of early-life health shocks [J]. Demography, 2019, 56: 1855-1874.

[69] CURRIE J. Healthy, wealthy, and wise: socioeconomic status, poor health in childhood, and human capital development [J]. Journal of Economic Literature, 2009, 47 (1): 87-122.

[70] ELMAN B. The social roles of literati in early to Mid-Ch'ing. In: WILLARD J, PETERSON (Ed.), Part one: The Ch'ing empire to 1800 [M]. Cambridge: Cambridge University Press, 2002.

[71] FANG J, LIU G. Relationship between climatic change and the nomadic southward migrations in eastern Asia during historical times [J]. Climatic Change, 1992, 22 (2): 151-168.

[72] FINLAY J. Fertility response to natural disasters: The case of three high mortality earthquakes [R]. World Bank Policy Research Working Paper No. 4883, 2016.

[73] FINLAY J. Fertility response to natural disasters: The case of three high mortality earthquakes [R]. World Bank Policy Research Working Paper No, 4883, 2016.

[74] GALOR O, WEIL D N. Population, technology, and growth: From malthusian stagnation to the demographic transition and beyond [J]. American Economic Review, 2000, 90: 806-828.

[75] GREIF A. History lessons: The birth of impersonal exchange: The community responsibility system and impartial justice [J]. Journal of Economic

Perspectives, 2006, 20: 221-236.

[76] GREIF A, TABELLINI G. The clan and the corporation: Sustaining cooperation in China and Europe [J]. Institutions and Economic Change, 2017, 45 (1): 1-35.

[77] HERNANDEZ-JULIAN R, MANSOUR H, PETERS C. The effects of intrauterine malnutrition on birth and fertility outcomes: Evidence from the 1974 Bangladesh famine [DE/J]. IZA Discussion 2014, 51 (5): 1775-1796.

[78] HOMER-DIXON T. Strategies for studying causation in complex ecological-political systems [J]. The Journal of Environment & Development, 1996, 5 (2): 132-148.

[79] HUANG C C, SU H. Climate change and Zhou relocations in early Chinese history [J]. Journal of Historical Geography, 2009, 35 (2): 297-310.

[80] JIA R. Weather shocks, sweet potatoes and peasant revolts in historical China [J]. The Economics Journal, 2014, 124: 92-118.

[81] KOUSKY C. Impacts of natural disasters on children [J]. The Future of Children, 2016, 26 (1): 73-92.

[82] LEE H F, FOK L, ZHANG D D. Climatic change and Chinese population growth dynamics over the last millennium [J]. Climatic Change, 2008, 88 (2): 131-156.

[83] LEE H F, ZHANG D D, FOK L. Temperature, aridity thresholds, and population growth dynamics in China over the last millennium [J]. Climate Research, 2009, 39 (2): 131-147.

[84] LEE H F, ZHANG D D, PEI Q, et al. Demographic impact of climate change on northwestern China in the late imperial era [J]. Quaternary International, 2016, 425: 237-247.

[85] LEE J, CAMPBELL C D. Fate and fortune in rural China: Social

organization and population behavior in Liaoning 1774-1873 [J]. Population and Development Review, 1997, 23 (4) .

[86] LEE J, WANG F. One Quarter of Humanity: Malthusian Mythology and Chinese Realities, 1700 - 2000 [M]. Cambridge: Harvard University Press, 1999.

[87] MANN M E, ZHANG Z, HUGHES M K, et al. Proxy-based reconstructions of hemispheric and global surface temperature variations over the past two millennia [J]. Proceedings of the National Academy of Sciences of the United States of America, 2008, 105: 13252-13257.

[88] MIYAZAKI I. China's examination hell: The civil service examinations of imperial China, trans: Conrad Schirokauer [M]. New York: Weatherhill, 1976.

[89] NOBLES J, FRANKENBERG E, THOMAS D. The effects of mortality on fertility: Population dynamics after a natural disaster [J]. Demography, 2015, 52 (1): 15-38.

[90] NORLING J. Family planning and fertility in South Africa under apartheid [J]. European Review of Economic History, 2019, 23 (3): 365-395.

[91] PEI Q, LEE H F, ZHANG D D. Long-term association between climate change and agriculturalists' migration in historical China [J]. The Holocene, 2018, 28 (2): 208-216.

[92] PEI Q, ZHANG D D. Long-term relationship between climate change and nomadic migration in historical China [J]. Ecology and Society, 2014, 19 (2): 68.

[93] PERCIVAL V., HOMER-DIXON T. Environmental scarcity and violent conflict: The case of South Africa [J]. Journal of Peace Research, 1998, 35: 279-298.

[94] SHIUE C H. Human capital and fertility in Chinese clans before

modern growth [J]. Journal of Economic Growth, 2017, 22 (4): 351-396.

[95] SHIUE C H. The political economy of famine relief in China, 1740-1820 [J]. The Journal of Interdisciplinary History, 2005, 36 (1): 33-55.

[96] SNG T H. Size and dynastic decline: The principal-agent problem in late imperial China, 1700—1850 [J]. Explorations in Economic History, 2014, 54: 107-127.

[97] SUHRKE A. Globalization and the environment: Implications for human migration [J]. Journal of International Affairs, 1994, 47 (2): 473-496.

[98] WOLF P, HUANG C. Marriage and adoption in China, 1845—1945 [M]. Seattle: Stanford University Press, 1980.

[99] XIAO L, FANG X, ZHENG J, et al. Famine, migration and war: Comparison of climate change impacts and social responses in North China between the late Ming and late Qing dynasties [J]. The Holocene, 2015, 25 (6): 900-910.

[100] YANG B, BRAEUNING A, JOHNSON K R, et al. General characteristics of temperature variation in China during the last two millennia [J]. Geophysical Research Letters, 2002, 29 (9): 38-1.

[101] YE Y, FANG X, KHAN M A. Migration and reclamation in Northeast China in response to climatic disasters in North China over the past 300 years [J]. Regional Environmental Change, 2012, 12 (1): 193-206.

[102] ZHANG D D, JIM C Y, LIN G C, et al. Climatic change, wars and dynastic cycles in China over the last millennium [J]. Climatic Change, 2006, 76 (3-4): 459-477.